JN047395

現場で活用するための

機械学習エンジニアリング

Machine
Learning
Engineering

藤井 亮宏 著

講談社

目　次

第**4**章　機械学習のタスク　　　57

第2部 機械学習の利活用 65

第7章　機械学習の適用事例　　151

第 **8** 章　**実運用に耐えうる
機械学習モデルの構築**　　**205**

第9章 機械学習モデルの説明性　　257

第 **1** 章

本書の使い方

本書は**機械学習**（Machine Learning：ML）を実務で活用するための本で、どのようにして「役に立つ」機械学習モデル（AI）を作っていくかを主眼に置きます。そのため実践的な内容に重きを置き、機械学習の基礎には軽く触れますが詳細には入りません。本書の対象とする読者や本書の内容は以下のとおりです。

> **本書の対象読者**
> - 機械学習の活用方法を知りたい方（主に技術者）
> - 機械学習を活用したいけど、何ができるのかがわからない方

> **本書でわかること**
> - 機械学習プロジェクトの進め方
> - 機械学習の活用事例や活用方法
> - 機械学習を活用するときに気をつけること

> **本書に書いていないこと**
> - 機械学習の理論の詳細

　本書を読み進めることで、機械学習に触れたことのある技術者の方は、機械学習の利活用時に何を重視すべきか、どのような方針を立てて開発を進めていくべきかがわかるようになります。また、実際に機械学習を扱わなくとも利活用を指示できる管理職の方は、機械学習の概観や使い方のほかに、機械学習を組織で始めるときのハードルが実はそこまで高くなく、組織内で機械学習の利活用促進が可能であることを知ることができます。

　本書は2部構成となります。第1部（2〜4章）では、機械学習そのものについて解説し、これまで機械学習に触れたことのない方向けの導入部分です。第2部（5〜9章）では、機械学習の実際の活用方法を解説します。こちらが本書のメインで、主に実際に機械学習を扱う技術者向けの内容になりますが、機械学習の活用を指示できる管理職の方や、これから機械学習を学んでいく方にとっても、機械学習の活用方法をイメージいただくには最適な内容となります。

　機械学習の基礎的な知識がある・なしで2タイプ、技術者・管理職の

2職種でさらに分け、それぞれで読んでいただきたい箇所を**表1-1**に示します。

● 表1-1　知識、職種別の読んでいただきたい箇所。※部分は、技術の詳細は別の技術書を参照すべきことを示している

職種のタイプ		読者A	読者B	読者C	読者D
		技術者	管理職	技術者	管理職
機械学習の技術書を読んだことがあるか		ない ML初学者		ある ML経験者	
2章	機械学習やAIの概観を説明	○	◎		
3章	主な機械学習アルゴリズムの解説	○（※）	◎		
4章	機械学習を使えば何ができるのか（研究が盛んなタスク）	◎（※）	◎		
5章	一般企業でも機械学習を活用できることを説明	◎	◎	◎	◎
6章	実際に機械学習を課題に適用するときのプロジェクトの流れや情報収集の方法の紹介	◎	◎	◎	◎
7章	機械学習適用の実例紹介	◎	◎	◎	◎
8章	機械学習を利活用する際に問題になりやすい課題とその対策	◎		◎	
9章	機械学習モデルの説明性	◎	○	◎	○

　第2部の5章は特に全読者の方に読んでいただきたい部分で、ここでは機械学習活用のハードルが高くないことを説明します。ここを読むことで、機械学習活用のハードルがそこまで高くなく、機械学習に特化した組織でなくとも利活用を比較的簡単に始められることを知っていただきたいと思います。

　技術者で機械学習を未履修の読者Aの方は、まず2〜4章でイメージを固めたうえで、5〜9章を読んで利活用のイメージを掴んでいただければと思います。ただ、本書では機械学習の数学的背景や理論をほとんど扱っていないので、さらに数理的な背景や理論を学びたい方は、それらを扱う技術書などを通じてさらなる知識を深化していくことをおすすめします。機械学習にまだ明るくない管理職である読者Bの方は、基本的に読者Aの方と同じような箇所を読んでいただきたいのですが、プ

ロジェクトの管理をすることが多いと思いますので、特に6〜7章でどのようにプロジェクトを進めていくべきかを掴んでいただきたいと思います。

技術者で基本的な機械学習理論を履修済みの読者Cの方は、実際にどのように活用していくのか、そのときに気をつけることは何かということを、6〜9章を重点的に読むことで利活用のイメージを掴んでいただきたいと思います。

管理職で機械学習をある程度知っている読者Dの方は、5〜7章で実例を見ていただき、自分の組織でどのように利活用できるかを考える手助けになればと思います。特に6.2節で紹介している機械学習を活用できる問題設定の部分は、機械学習を使ったプロジェクトで一番肝心な部分ですので、ぜひ読んでいただければと思います。

また、本書では節ごとに対象読者を下記のようなアイコンで示しています。このアイコンは技術的な難易度で、レベル別にどのように読み進めていけば良いかの指針を示しています。

●図1-1　節ごとの対象読者を示したアイコン。ML（機械学習）初学者の下に書いてある「読み飛ばし可」は、「概要は掴んでほしいが、ML初学者にとって難しい部分を含むため、難しければ斜め読みしてほしい」ということを表す

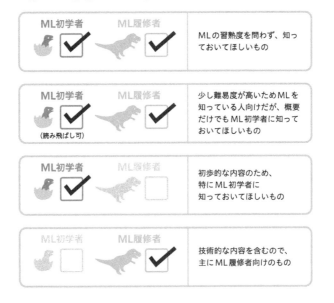

機械学習は比較的新しい分野であるため、英語で記述される専門用語の邦訳がない、もしくは浸透していないものが多くあります。本書は英語の専門用語に精通していない読者のために、専門用語を意味がわかるように邦訳したものを使っています。本書独自の邦訳も含まれていますので、ご注意ください。

第 1 部

機械学習の基礎

第1部では、機械学習の概要に加えて、具体的な機械学習手法や適用場面を解説します。主に機械学習初心者向けの内容であるので、すでに機械学習に精通している読者の方々は飛ばしていただいても大丈夫です。

第 **2** 章

機械学習とは何か

本章では、機械学習の概要について説明します。まず2.1節でAI、
機械学習、深層学習の違いや、既存の数値解析的な手法との違いを
みていきます。次に2.2節で機械学習のメカニズムを少し詳しくみて
いき、最後に2.3節で機械学習にとって欠かすことのできないデータ
の種類や性質についてみていきます。

2.1

AI、機械学習、深層学習の違いと機械学習の概念

本節の主な対象読者	ML初学者 ✔	ML履修者 ☐	初歩的な内容のため、特にML初学者に知っておいてほしいもの

　昨今、AIや人工知能という言葉をニュースで耳にすることが多くなりましたが、それと同時に機械学習や深層学習（ディープラーニング）という言葉も頻出しており、詳しくない人からすると混乱を招きやすい状況にあります。**図2-1**のように、「AI（人工知能）」「機械学習」「深層学習」の3つは、AIの中に機械学習という分野があり、機械学習という分野の中に深層学習という分野がある、という関係になっています。それぞれのグループの中にさまざまな手法があり、3章でもう少し詳しく解説します。

●図2-1　　AI、機械学習、深層学習の関係図。それぞれの中にさまざまな手法が含まれている

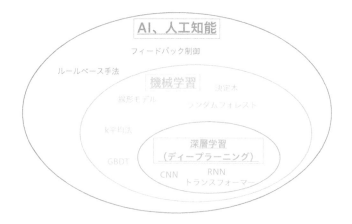

　機械学習とは、大量のデータを使い、何らかの法則をコンピューター（機械）の計算能力を使って導き出す（学習）手法のことです。機械学習では、学習した法則を反映させた**機械学習モデル**を介して、入力データから所望の形式の出力を得ます。もう少し詳しくいうと、関数 f を使って、入力 x から出力 y を $f(x)=y$ という数式から得ます（**図2-2**）。この関数 f が機械学習モデルであり、単に**モデル**と呼ぶこともあります。機械学習モデルはコンピューターが解釈できる形の入力値を受け取り、何かしらの評価や判定をして出力値を出します。入力値はたとえば画像や音声などで、やりたいことに合わせてある程度柔軟に決められます。出力値はモデルを介して得たい情報で、たとえば入力画像に写っているものが何であるかの情報であったり、音声の文字起こしであったりします。

　機械学習手法のうち、ニューラルネットワークというモデルをいくつも重ねて扱う機械学習手法を**深層学習**と呼びます。第3次AIブームの火付け役となった技術です。

　最後にAIに関してですが、人によって定義が異なることが多い印象です。前述の深層学習を含む機械学習を指したり、商業上の理由で簡単なルールで制御する（入力が10より大きかったらA、そうでなければBのような簡単な動作）**ルールベース手法**やフィードバック制御も「AI」という言葉に含んだりします。

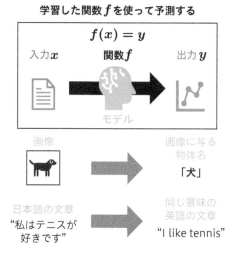

機械学習と同じようにコンピューターの力を借りる解析手法として、**数値解析（数値シミュレーション）**があります。たとえば流体解析や強度解析に用いられる有限要素法や、固体の物性を予測する第一原理計算などです。これらと機械学習の違いは、入力と出力の関係性が既知か未知かの違いにあります（**図2-3**）。有限要素法や第一原理計算の背景には物理学があり、その法則に従って現象や性質が計算されます。極端にいうと、入出力の関係性（物理法則）さえ存在していれば成り立ちます。一方機械学習[※1]ではこれらの入出力の関係性は既知ではありません。その代わりに入出力のペアデータを使って関係性を見つけます。よって、数値シミュレーションと異なり、機械学習では入出力データは必ず存在していなければなりません。

※1　3章で説明する教師あり学習を例にとっていますが、大量のデータや経験から未知のメカニズムや最適な行動戦略を推測する手法であるという意味では、教師なし学習や強化学習でも議論の本質は変わりません。

● 図2-3 　数値シミュレーションと機械学習の違い。数値シミュレーションは既知のメカニズムで出力を計算するが、機械学習は大量のデータから未知のメカニズムを推定して出力をする

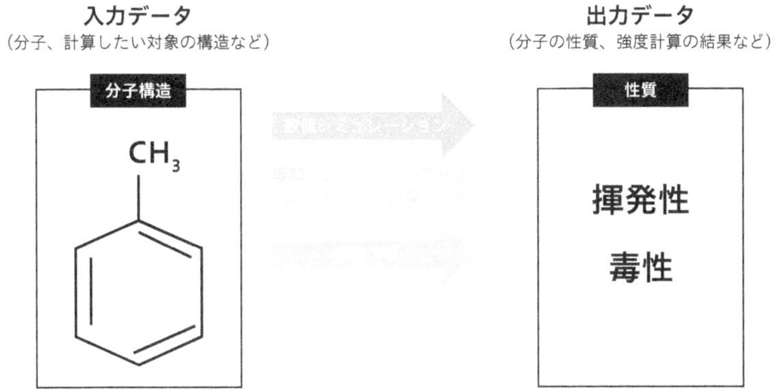

本節の最後に、機械学習を使って何ができるかをみていきましょう。機械学習の応用範囲は広く、多くの業界や分野で活用されています（**表2-1**）。適用できるデータとしては、画像、動画、言語、音、テーブルデータ（表形式のデータ）があり、それぞれでいろいろな活用方法があります。これについては、4章で詳しく紹介します。

● 表2-1 　機械学習でできることの代表例

データの種類	機械学習でできること
画像	写っている物体の分類（犬猫などラベルの予測）、人間の関節の位置を算出、写っている物体の位置を算出、画像を生成するなど
動画	人間の行動の種類の分類（投球、泳いでいるなど）、写っている物体の追跡など
言語	翻訳、要約、文書の種類の分類、質問回答など
音	発話内容を文書にする、文書から音声を生成する、音の種類を分類するなど
テーブルデータ（表形式のデータ）	データの所属する種類を分類（表形式にした患者のデータから癌リスクが高いか低いかを分類など）、データから数値を予測（表形式にした企業のデータから株価を予測など）

2.2

機械学習は近似関数を推定する作業である

本節の 主な対象読者	ML初学者 ☑	ML履修者 ☐	初歩的な内容のため、 特にML初学者に 知っておいてほしいもの

　AIブームの煽りを受けて、機械学習を魔法のように扱う方が稀にいますが、機械学習はあくまで未知のメカニズムをうまく近似できる関数を作るための道具です。その「未知のメカニズム」が今日の株式市場の状態と翌日の株価の関係性であったり、画像とその画像を表現するラベル（犬や猫など）の関係性であったりします。詳述すると、機械学習の目標は「入出力の関係性を最もよく表現できるように、近似関数のパラメーターを決めること」で、正解値としての出力と予測値の誤差を小さくするように逐次的にパラメーターを更新するという手順で近似関数を「学習」していきます。

　例として、線形回帰モデルという簡単な機械学習手法を、勾配法というパラメーター更新手段で学習する例を示します（**図2-4**）。ここでの入力は「過去3日の株価」で出力は「翌日の株価」、学習目標は「過去3日の株価」と「翌日の株価」の関係性を近似する関数を見つけることです。このとき、入力を**説明変数**または**特徴量**、出力を**目的変数**と呼びます。関係性を近似する関数ですが、線形回帰モデルでは説明変数に係数をかけて切片を足し合わせた関数で表現します（目的変数がパラメーターに関して線形に変化するので線形回帰モデルと呼ばれます）。図2-4にあるように、線形回帰モデルでは説明変数を使って、目的変数をよく近似できるようにパラメーター $\Phi = \{\phi_0, \phi_1, \phi_2, \phi_3\}$ を最適化していきます。また、線形回帰モデルでは、パラメーターはすべて数値（スカラー）です。

● **図2-4**　線形回帰モデルで翌日の株価を予測するモデルを構築する例。ここでは3つの説明変数で線形回帰モデルを学習させる

データ

目的変数 ──── 説明変数 ────

No.	翌日の株価	当日の株価	前日の株価	前々日の株価
1	3067	2998	3021	3000
2	3149	3067	2998	3021
3	2802	3149	3067	2998
...	...	...	...	...

線形回帰モデル

$$\widehat{Y} = \underbrace{\phi_0 + \phi_1 X_1 + \phi_2 X_2 + \phi_3 X_3}_{f(X, \boldsymbol{\varPhi})}$$

損失関数 L

$$L(\widehat{Y}, Y) = (\widehat{Y} - Y)^2$$

学習が完了した例

$$\widehat{Y} = 2.0 + 1.2X_1 - 0.1X_2 + 0.2X_3$$

　学習とは、**線形回帰モデルの予測値と正解値である目的変数の差分である誤差を最小化していく手順**を指しますが、この誤差を何らかの関数を使って表現する必要があります。その関数を**損失関数**（loss function）または**誤差関数**（error function）といいます。また、最適化の対象であるため**目的関数**（objective function）ということもあります。本書では以後これらを損失関数と表現します。

　学習手順のイメージを**図2-5**に示します。各ステップにおいて、**アルゴリズム2-1**の計算を繰り返していくことで、パラメーターを逐次的に更新し、損失（誤差）を最小化するパラメーターを見つけます。ここでいう勾配とは、損失関数のパラメーター空間における「傾き」のことです。この傾きがわかることにより、損失を小さくしていくためにどのようにパラメーターを更新していけばよいのかがわかります。

●図2-5 線形回帰モデルを勾配法で学習する手順。各ステップにおいて予測値と正解値の差分
を損失関数で表現し、その勾配に学習率 η をかけた分だけパラメーターを更新していく。
S はステップ数を示す

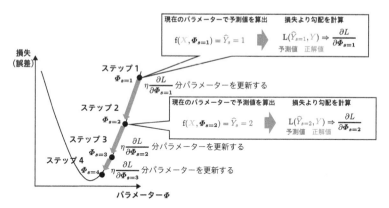

● アルゴリズム 2-1：勾配法を使った各ステップにおけるパラメーター 更新手順

1. 現在のパラメーターと説明変数を使って予測値を計算する

2. 予測値と目的変数（正解値）から損失関数で損失（誤差）を計算する

3. 損失からパラメーター空間に関する勾配を計算する

4. 計算した勾配に学習率をかけた分だけパラメーターを更新する

2.3

データについて

本節の 主な対象読者	ML初学者	ML中級者	初歩的な内容のため、 特にML初学者に 知っておいてほしいもの

　ここでは、機械学習をするうえで欠かせないデータについてみていきます。まず2.3.1節でどのようなデータがあるかなどの性質をみていき、2.3.2節で「データの分布」という重要な概念をみていきます。

2.3.1　データの性質

　データの性質は、データの種類、データ数、特徴量数という3つに分けて考えることができます（**図2-6**）。

　まずデータの種類ですが、定性的か定量的かという大きな2つで分けられ、さらにそれを細かくして合計4種に大別することができます（**表2-2**）。定性データは、名義尺度と順序尺度の2種に分けられ、別名カテゴリデータともいいます。名義尺度のみを指してカテゴリデータと呼ぶ場合もありますが、そのときは順序尺度を順序カテゴリデータと呼びます。定量データもゼロに意味があるかどうかで間隔尺度と比例尺度に分けられます。

　次にデータ数ですが、学習や評価に使えるデータの数のことを指します。ほかにもレコード数、観測数、サンプルサイズと呼ぶ場合もあります。

　最後に特徴量数ですが、データの変数の数（次元）のことです。たとえば、図2-4のデータでは、入力データの特徴量数は3で、**図2-6**では6です。縦横32ピクセルのカラー画像（RGB形式）を入力データとする場合は、特徴量数は$32 \times 32 \times 3 = 3072$で、ゼロに意味があるので比例尺度のデータになっています。

特徴量数

No.	翌日の株価	当日の株価	前日の株価	前々日の株価	所属業界	業界内株価ランキング	起業年（西暦）
	目的変数	比例尺度	比例尺度	比例尺度	名義尺度	順序尺度	間隔尺度
1	3067	2998	3021	3000	A	10	1992
2	3149	3067	2998	3021	B	5	1999
3	2802	3149	3067	2998	C	22	2001
...	...	...	...	...	...	...	...

データ数

● 表2-2　　データ（変数）の種類

区分	名前	性質	例
定性データ	名義尺度	大きさの比較は意味がなく、等しいかどうかにのみ意味がある	血液型、動物の種類
	順序尺度	大小比較は可能だが、間隔や比率に意味はない	スポーツなどの順位
定量データ	間隔尺度	差分や和に意味はあるが、比率に意味はない	摂氏温度、和暦、西暦
	比例尺度	ゼロに意味があり、差分や和、比率に意味がある	絶対温度、身長、体重

■ 2.3.2　データの分布

　本節では、機械学習で頻繁に話題に出てくる「**データの分布**」の意味について説明します。

　データの分布という言葉は「AというデータセットとBというデータセットの分布が同じ」といった使われ方をしますが、多くの場合「AとB、2つのデータセットが同じ**母集団**から抽出された**標本**か」という解釈が可能です。

　母集団と標本は統計学の用語で、母集団は調べたいデータ全体を指し、標本は母集団から抽出されたデータを指します（**図2-7**）。母集団は一般的に非常に大きく、母集団全体で検査や調査を行えることは稀です。よって、通常は母集団からランダムに抽出した標本を使って検査や調査を行います。たとえば、日本人の身長で平均値を調べる場合、母集団は日本人全体になります。この母集団は非常に大きく全数調査することは非常に困難ですので、そこから抽出してきた何人かの標本で平均値の調査をすることになります。機械学習で扱うデータも同じで、母集団全体を使

● 図2-7　母集団と標本、機械学習の関係図。機械学習では、同じ母集団から別々に標本を抽出し、一方で学習、もう一方で推論を行う

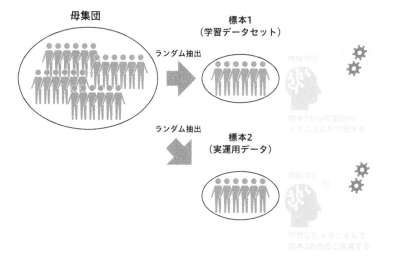

えることはほとんどなく、母集団から抽出した標本（データセット）で学習や評価、運用を行います。

　この観点から、データから潜在するメカニズムを推定する手法である機械学習をみると、データセット（標本）から母集団に潜在するメカニズムを推定（学習）する手法ともいえます。推定したメカニズムは同じ母集団から抽出された標本ならうまく動作するはずです。このことから標本サイズ（学習データの数）は母集団を推定できる程度に大きく、学習データと実運用データは同じ母集団から抽出されている（データの分布が同じ）必要があることがわかります。学習データ数が少ないと機械学習は母集団に内在するメカニズムをうまく推定できず、母集団が異なると学習データで推定したメカニズムが実運用時に動作しなくなってしまいます（**図2-8**）。また、与えられたデータセットから学習用データと評価用データを分けるためには、母集団が同じことだけではなく「同じ母集団から同じように抽出されていること」が重要になってきますが、これは8.1.1節で詳述します。

●図2-8 機械学習がうまく動作しないときの概念図。（左）標本が小さすぎると母集団のメカニ
ズムをうまく推定できない。（右）学習データと推論させるデータの母集団が異なると
うまく動作しない

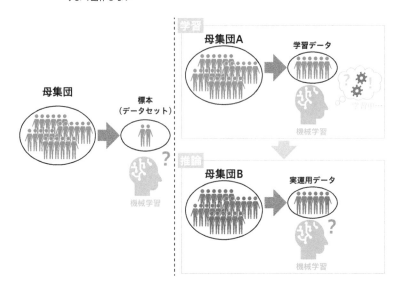

第 **3** 章

機械学習手法の種類と基礎

本章では、機械学習手法の種類と基礎を紹介します。機械学習に馴染みがない方向けに概観を掴んでもらう意図で本章を書いており、機械学習を実際に扱うエンジニアや研究者の方向けの詳細な理論は割愛しています。

まず3.1節では機械学習の種類を大まかに解説します。次に3.2節では深層学習以外の機械学習アルゴリズムの基礎的な部分を紹介し、3.3節では第3次AIブームの火付け役となった深層学習について簡単に紹介します。最後に、役に立つ機械学習モデルを構築するうえで欠かせない概念である過学習、転移学習について、それぞれ3.4節、3.5節で解説します。

3.1

機械学習の種類

| 本節の
主な対象読者 | ML初学者 ✔ | ML習修者 ☐ | 初歩的な内容のため、
特にML初学者に
知っておいてほしいもの |

機械学習のタスクは、教師あり学習、教師なし学習、強化学習の3つに大別されます。本節ではそれら3つを簡単に説明します。

教師あり学習

教師あり学習では、その名のとおり正解となる教師データが存在します。教師データとは入力データ（説明変数）と出力データ（目的変数）のペアデータのことです。2章でみたように、正解値（目的変数）とモデルの出力値を一致させるための損失関数を構築し、それを最小化させることでモデルの出力が目標値を再現できるように誘導します。教師あり学習は、入力データからそのデータが所属する種別（カテゴリ）を予測する分類問題と、入力データから何かしらの値を予測する回帰問題に大別されます（**図3-1**）。分類問題の例としては、画像を入力してその画像のカテゴリ（犬や猫など）を判断させる画像分類があり、回帰問題の例としては、有価証券データから翌日の平均株価を予測する、などがあります。

●**図3-1** 教師あり学習の種類。（左）分類問題。疑似的な予測確率分布（確信度）と正解値の分布の差分から学習する。（右）回帰問題。予測値と正解値の差分から損失関数を学習する

分類問題
入力から「カテゴリ」を予測するタスク

回帰問題
入力から「数値」を予測するタスク

教師なし学習

　教師なし学習では、正解となる目標値がなく、入力データのみから何かしらの有用なデータの表現を得る関数を作ることを目的とします。教師がないといっても、入力データのみから損失関数を構築してそれを最小化させることでタスクをこなすことが可能です。代表的な例は、入力データを似たもの同士のグループ（クラスター）に分ける**クラスタリング**（**図3-2**左）です。データの情報を圧縮する**自己符号化器**（autoencoder）も深層学習系でよく使われる教師なし学習手法で、何らかのデータを出力として生成する、**生成モデル**と呼ばれる手法の1つです。自己符号化器は、入力情報を圧縮するモデル（エンコーダー）と、圧縮された情報から入力情報を復元するモデル（デコーダー）の2つから構成されています（図3-2右）。クラスタリングで使われるk平均法は3.2節でもう少し詳しく紹介します。

●図3-2　教師なし学習の例。（左）k平均法を用いたクラスタリング。（右）自己符号化器を用いた生成モデル

クラスタリング

データをクラスターに分ける
（k平均法）

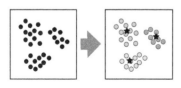

クラスター中心（★）とそのクラスターに所属する
データの距離が小さくなるように、
クラスターの割り当てを更新して学習する

生成モデル

圧縮された表現から入力画像を
再現する（自己符号化器）

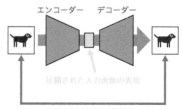

圧縮表現から入力画像を
再現できるように学習する

強化学習

　強化学習は教師なし学習と同じように正解となる目標値がありません。しかし、教師なし学習と異なり、強化学習が目指すのは損失関数を最小化することではなく、試行錯誤しながら長期的な目線で目標値を最大化することです。目標値の例としてはゲームのスコアなどがあります。この目標値を最大化するように、操作する対象（エージェント）が最適な行動を行えるように関数（強化学習モデル）を最適化します。代表的な適用例としては、囲碁のトップ棋士を打ち破ったAlphaGoが有名です。強化学習の設定では、学習と意思決定を行う「エージェント」、エージェント自身やエージェントが相互作用するシステム全体を示す「環境」、エージェントの行動の結果、環境から得られる「報酬」、エージェントの行動の結果を反映したエージェント自身を含む環境の「状態」をもとに、エージェントと環境が相互作用しながら学習を進めていきます（**図3-3**(a)）。さきほどの囲碁の例でいうと、「環境」が盤面（シミュレーター）、「エージェント」が棋士（図3-3(b)）、「状態」が盤面の時系列変化、「報酬」がAlphaGoが打った手の良し悪しに相当します（図3-3(c)）。ここにおける盤面（環境）は、対戦相手を含んだシミュレーターであることに注意してください。強化学習は、産業界において、ロボットの制御や自動運転システムの開発などでよく使われています。

●**図3-3** (a) 強化学習の概念図。エージェントと環境が相互作用しながら学習が進む。（b）囲碁の強化学習における環境。（c）囲碁の強化学習の流れ。エージェントが行動し（碁石を打ち）、それに応答して状態が変化（相手が碁石を打ち返す）し、それをもとにエージェントが再び行動する（碁石を打つ）。tは時刻（囲碁における手数）を示す

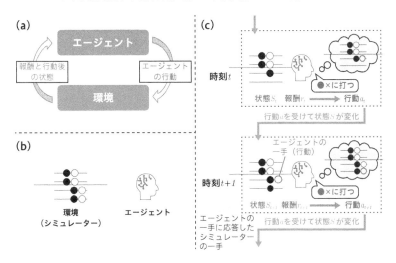

3.2 深層学習以外の機械学習手法の種類とその基礎

本節の 主な対象読者	ML初学者 ✓	ML履修者 ☐	初歩的な内容のため、 特にML初学者に 知っておいてほしいもの

　ここでは、深層学習以外の機械学習手法を紹介します。機械学習手法は非常に多数存在するため、本書に登場する手法の紹介に絞ります。ここでは、線形モデル、決定木・ランダムフォレスト、GBDT、k平均法を簡単に紹介します。

3.2.1　線形モデル

　線形モデルは最も基本的な機械学習手法で、入力データそれぞれに対して係数をかけ、適切な切片の値を足し合わせることで目的の数値を近似する手法です。教師あり学習で使われ、分類問題と回帰問題両方で活用できます。回帰問題を行うモデルを**線形回帰モデル**（**図3-4**）といい、モデル（関数）が出力する近似値と正解値の差分のとり方（損失関数）は、差分の二乗をとる**平均二乗誤差**（MSE：Mean Squared Error）や、差分の絶対値をとる**平均絶対誤差**（MAE：Mean Absolute Error）などがあります。分類問題に適用する線形モデルは**線形分類モデル**といいます。この場合、線形分類モデルの出力は**ソフトマックス**（softmax）**関数**を使って、各出力が確率値のような値（0〜1の値をとり、全出力の合計が1になる）をとるように調整されます。それらは疑似的な確率値と解釈され、確信度とも呼ばれます（**図3-5左**）。目的変数となる**カテゴリデータ**は、その確信度の形式に合わせ、正解のカテゴリを1、それ以外を0とする

ワンホットラベル[1]として扱われることが多く、たとえば4値分類問題だと (0.0, 1.0, 0.0, 0.0) というように変換されます。そのワンホットラベルとモデルが算出する確信度の距離を損失関数として定義し、最小化していくわけですが、線形分類モデルに限らず、分類タスクでは損失関数として**交差エントロピー**（cross entropy）がよく使われます（図3-5右）。

● 図3-4　（図2-4の再掲）線形回帰モデルで翌日の株価を予測するモデルを構築する例。ここでは3つの説明変数で線形回帰モデルを学習させる。損失関数に平均二乗誤差を用いている

データ

目的変数　説明変数

Y

No.	翌日の株価	当日の株価	前日の株価	前々日の株価
1	3067	2998	3021	3000
2	3149	3067	2998	3021
3	2802	3149	3067	2998
...	...	...	...	...

線形回帰モデル

$$\widehat{Y} = \underbrace{\phi_0 + \phi_1 X_1 + \phi_2 X_2 + \phi_3 X_3}_{f(X, \Phi)}$$

損失関数 L

$$L(\widehat{Y}_0, Y) = (\widehat{Y}_0 - Y)^2$$

学習が完了した例

$$\widehat{Y} = 2.0 + 1.2X_1 - 0.1X_2 + 0.2X_3$$

---

[1]　ワンホットラベルは、カテゴリデータを機械学習で扱えるようにする手法の1つです。なぜこの形式にするのかは、6.1.3節を参照してください。

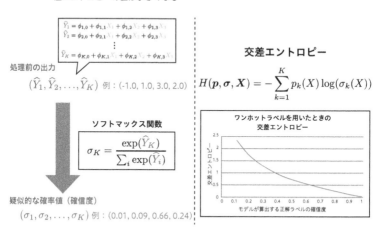

● 図3-5　分類タスクの概念図。(左) 3つの特徴量 (X_1, X_2, X_3) をもつデータ X を K 個のカテゴリに分類する線形分類モデルの例。カテゴリ数分の線形関数があり、それらの入力をソフトマックス関数で疑似的な確率値へと変換している。上枠の式中のφは学習パラメーターで、すべてスカラー（数値）である。(右) 交差エントロピー H。正解確率 p とモデルの確信度 σ の距離を測る。モデルが算出する正解カテゴリの確信度が高いほど、交差エントロピーの値は小さくなる

▌3.2.2　決定木・ランダムフォレスト

　決定木は、入力データをある条件に当てはまるかどうかで分岐させる手法で、回帰問題と分類問題の両方で使えます（**図3-6**）。回帰問題では線形モデルと同様に平均二乗誤差などで損失関数を設計しますが、分類の場合は「不純度」という「分類がどの程度うまくいっているか」を表す指標を低減させていきます [1]。不純度はさまざまなもので測れますが、線形分類モデルと同様に交差エントロピーを使ったり、ジニ不純度という指標を使ったりもできます。

　分岐に使用する特徴量をランダムに選び多数の決定木を作り、それらの出力を組み合わせて最終的な出力とするモデルを**ランダムフォレスト**といいます。ランダムフォレストでは、それぞれの決定木を独立に学習させ、それらの出力の多数決をとったり、平均値を最終的な出力としたりします。ランダムフォレストのように多数の機械学習モデルの予測値を使う手法を**アンサンブル**と呼びます。もちろん決定木以外でもアンサンブルさせることが可能です。

●図3-6　決定木の概念図。（左）気温と湿度2つの特徴量で分類を行った例。（右）決定木で回帰を行った例

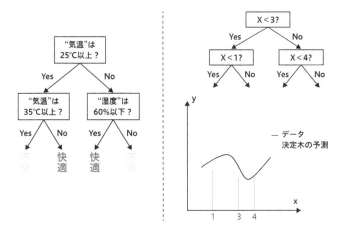

▌3.2.3　GBDT

　Gradient Boosting Decision Tree（**GBDT**）とは、**勾配ブースティング**（gradient boosting）という手法で複数の決定木を組み合わせる手法です。ランダムフォレストのようなアンサンブル手法ではそれぞれ独立で決定木を学習させていますが、勾配ブースティングでは1つ手前までの決定木たちで構成されるすべてのモデルの予測値の合計と目的変数との差分（残差）を新たな目的変数にして次の決定木を学習する過程を繰り返します（**図3-7**）。前の決定木の予測ミスを補完するように次の決定木が学習するため、単純な決定木でも複雑な予測ができるようになります。勾配ブースティングは決定木以外でも使うことが原理上可能ですが、欠損値を扱いやすい、値のスケーリングが不要などの理由から決定木が使われることが多いです [2]。

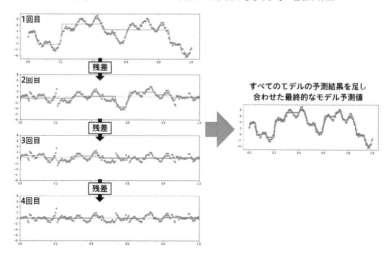

3.2.4　k平均法

k平均法（k-means）は、クラスタリングを行う代表的なアルゴリズムです。アルゴリズムとしては、まずクラスター数分の点をランダムに配置し、仮のクラスター中心とします。次に、データそれぞれにおいて、すべてのクラスター中心点との距離を計算し、最近傍のクラスターにそのデータを割り当てます。最後に、各クラスターに割り当てたデータの平均値でクラスター中心点を更新します。このデータのクラスター割り当てとクラスター中心点の更新のサイクルをクラスター中心が変化しなくなる（収束する）まで繰り返します（**図3-8**）。k平均法はランダムに配置された初期値に依存しやすいので、それに対する頑健性を向上させたk-means++ という手法も提案されています。

● 図3-8　k平均法の概念図

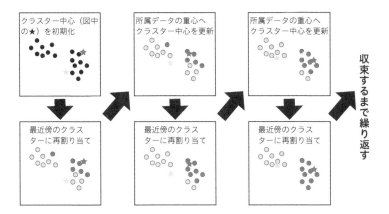

3.3
深層学習の主な種類とその基礎

本節の 主な対象読者	ML初学者 ☑	ML履修者 ☐	初歩的な内容のため、 特にML初学者に 知っておいてほしいもの

　ここでは、深層学習について説明します。深層学習は神経細胞の情報伝達の仕組みを模倣したニューラルネットワークを用いる機械学習手法です。深層という名前のとおり、非線形変換を行う「ニューロン」を多数使った「層」を複数積み上げます。また、積み上げ方法などによっていろいろな種類があります。

3.3.1　深層学習モデルの種類

　深層学習では入力データから出力へ向けて各層で計算を行いながら進んでいきます。これを**順伝播**（forward propagation）と呼んでいます。一方、学習時には、深層学習の多くでは誤差を出力から入力側へと逆方向に逐次的に反映させる**誤差逆伝播法**（back propagation）を使って、パラメーターの勾配の計算と更新をしていきます。主な種類としては、ニューロンを用いた**全結合ニューラルネットワーク**（DNN：Dense Neural Networks）、固定サイズのフィルターを使った畳み込み処理を行う**畳み込みニューラルネットワーク**（CNN：Convolutional Neural Networks）、時系列処理によく用いられる**再帰型ニューラルネットワーク**（RNN：Recurrent Neural Networks）、近年言語や画像系のタスクで存在感を高めている**トランスフォーマー**（transformer）があります。

全結合ニューラルネットワーク

　全結合ニューラルネットワークは深層学習モデルの中で最も基本的な

モデルです。**MLP**（Multi Layer Perceptron）と呼ぶこともあります。非線形変換を行うニューロン同士を連結した「層」を多数つなげることで、情報を順伝播させていきます。入力層と出力層の間にある層は**中間層**または**隠れ層**と呼ばれ、その層の出力を**中間層表現**や**隠れ層表現**と呼びます。

　全結合ニューラルネットワークでは、1つ1つのニューロン（**図3-9**の●）がスカラー（数値）をもっており、前の層の出力値の線形結合(u)に対して非線形関数からなる活性化関数をかけた値をそのニューロンの出力としています。順伝播の計算は図3-9右のように進んでいき、活性化関数はRectified Linear Unit（**ReLU**）がよく使われます。結合ごとに別々の学習パラメーターをもっていることが特徴です。

● 図3-9　　全結合ネットワークの概念図。1つ1つのニューロンは値（スカラー）をもっており、それらの線形結合に非線形関数からなる活性化関数で変換する。簡単のためバイアス項は除いている。$w_{1,5}$は1つ前の層の1番目のニューロンから今の層の5番目のニューロンの結合のときに使う学習パラメーターを示している

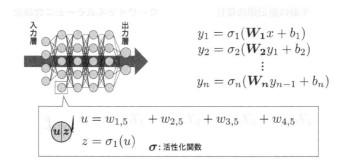

$$y_1 = \sigma_1(\boldsymbol{W_1}x + b_1)$$
$$y_2 = \sigma_2(\boldsymbol{W_2}y_1 + b_2)$$
$$\vdots$$
$$y_n = \sigma_n(\boldsymbol{W_n}y_{n-1} + b_n)$$

$$u = w_{1,5} \quad + w_{2,5} \quad + w_{3,5} \quad + w_{4,5}$$
$$z = \sigma_1(u) \quad \boldsymbol{\sigma}：活性化関数$$

畳み込みニューラルネットワーク

　畳み込みニューラルネットワーク（CNN：Convolutional Neural Networks）では、全結合ニューラルネットワークにおけるニューロンの代わりに固定サイズのフィルターを使うネットワークで、動画像系のデータで頻繁に使用されます。フィルターをデータに対して平行移動させ、フィルターが重なった部分の数値を掛け合わせながら順伝播の計算を行っていきます（畳み込み処理、**図3-10**）。図3-10下では省略してい

ますが、全結合ニューラルネットワークと同様に畳み込みニューラルネットワークでも、フィルターと入力画像の線形結合をとった後に活性化関数をかけます。また、フィルターで畳み込み処理を行った特徴量表現はデータの形状を残しています。つまり、画像に対して2次元のフィルターをかけると、中間層表現の「地図」のようなものを作りながら順伝播していきます。この中間層表現の地図を**特徴量マップ**と呼びます。

● **図3-10** CNNの概念図。（上）CNNでは固定サイズのフィルターを平行移動させることで計算させる。フィルターの値1つ1つが学習パラメーター。（下）畳み込み処理の計算の図。入力画像に対してフィルターをかけ、その総和を出力とする。簡単のためバイアス項と活性化関数は省略した

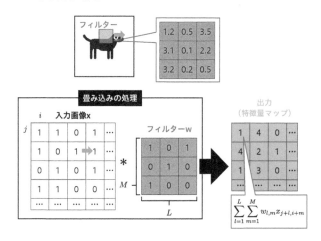

再帰型ニューラルネットワーク

再帰型ニューラルネットワーク（RNN：Recurrent Neural Networks）は時系列データでよく用いられるネットワークです（**図3-11**）。時系列上で特徴量が新たに入力されるたびに、ニューロン内部の値を変えながら順伝播を行っていきます。実応用上は、RNNのニューロンをさまざまな機構をもつセルに変更した**LSTM**がよく使われます。

● 図3-11 RNNの概念図。時系列データ x を入力とし、各時刻の入力値でニューロンの値を変えながら伝播していく。図の縦方向は時系列的な流れ、横方向は層の伝播方向、奥行き方向は層の厚み（ニューロンの数）を示す

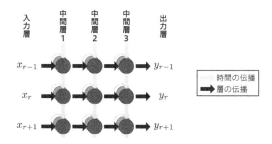

トランスフォーマー

トランスフォーマー（transformer）[3]は内積を用いた**注意機構**（scaled dot product attention）をベースにした深層学習の手法です。特徴量同士でベクトルの内積による類似度を計算させたものにさまざまな処理を施すブロックを繰り返す機構をもっており、それを層（transformer encoder層）として積み重ねながら伝播させています（**図3-12**）。2021年6月現在、言語系タスクと動画系タンクにおいてトランスフォーマーを用いたモデルが非常に人気です。

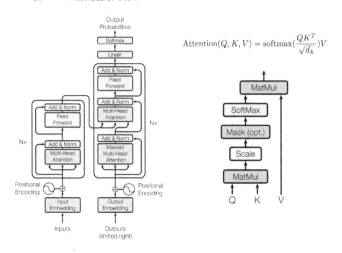

3.3.2 深層学習では何が起こっているのか

　本節では、深層学習で何が起こっているかをみていきます。まず、線
形変換やアフィン変換と非線形変換の違いについて説明し、深層学習モ
デルが非線形変換によってタスクを解きやすいように特徴量空間を歪め
ていることをみていきます。最後に、実際の学習済みモデルを見て、層
が深くなるに従い、より複雑な特徴量を取得できていることを説明しま
す。

　深層学習では、今まで見てきたように浅い層から深い層に特徴量を非
線形変換しながら伝播させていきます。層をまたいだ変換を繰り返すこ
とはどういった意味があるのでしょうか。それを考えるため、線形変換
と非線形変換のイメージを掴んだのちに、2 値分類問題で線形分類モデ
ルと全結合ニューラルネットワーク分類モデルを比較してみましょう。

　まず、線形変換と非線形変換についてみていきます。**図3-13**左にあ
るように、入力に対して回転や拡大・縮小を行う変換を**線形変換**と呼び
ます。図3-13左では、30° 回転と X 軸方向に 2 倍、Y 軸方向に 0.5 倍する

変換の例を示しています。この変換に平行移動（定数項を足す）を加えた変換を**アフィン変換**と呼びます。**非線形変換**では、線形変換やアフィン変換で行える回転、拡大・縮小、平行移動以外の変換を加えます。たとえば、図3-13右にあるように、線形変換に加えてシグモイド関数による変換を加えるなどです。シグモイド関数による変換では空間が歪み、線形変換やアフィン変換で実現できない変換を行うことが可能です。

● **図3-13**　線形変換と非線形変換の例。（左）回転と拡大・縮小を伴う線形変換の例。（右）左図の
線形変換にシグモイド関数 σ による非線形性を加えた非線形変換の例

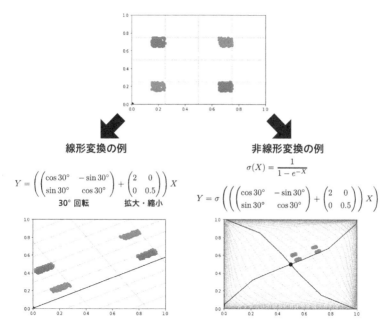

次に分類問題と非線形変換の関係を見てみましょう。分類問題とはカテゴリを分ける分類境界線（もしくは多次元上の超平面）を特徴量空間に引く作業のことです。簡単な問題だと、特徴量空間そのままで分類境界線を引けますが、複雑な問題だと特徴量空間を歪めてやる必要があります（**図3-14**）。

　分類問題の概念図。分類タスクでは、モデルが特徴量空間（この図は1次元）に分割する直線を引く（この例の場合は点を置く）。（左）簡単な問題だと、その特徴量空間をそのまま使って分類できる。（右）複雑な問題だと、空間を歪める（この例だと、1次元→2次元→1次元空間へと変換）

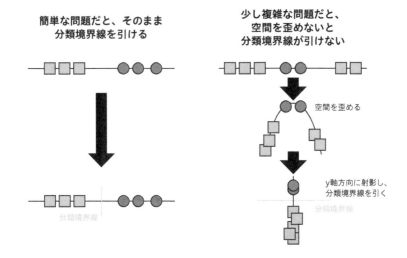

アフィン変換では、特徴量空間を拡大・縮小させたり、回転させたり、平行移動させたりできます。線形分類モデルでは、それを利用して入力データの特徴量空間においてカテゴリを分離できるように空間をアフィン変換します。しかし、線形モデルでは特徴量の線形結合しか考えていないため単純な変換しかできず[※2]、複雑な問題に対処できません。実際に線形分類モデルと深層学習モデルを適用した例が、**図3-15**です。深層学習では、うまく分類できるように空間を歪めることによって、直線で分類境界線を引くことができています。

● **図3-15** 線形分類モデルと深層学習モデル（3層全結合ニューラルネットワーク）の比較。見やすさのため一部の補助線と原点の変換を可視化した。空間の変換を比較するため分類用のソフトマックス関数は使っていないが議論の本質に変わりはない。（上）線形分類モデルでは非線形変換ができないため、空間の拡大縮小、回転、平行移動のみしかできない。（下）深層学習モデルは非線形変換の層を重ねるため、空間を歪めることができる。下の分類問題は線形モデルでは解けないが、深層学習では空間を歪められるため解くことが可能になる

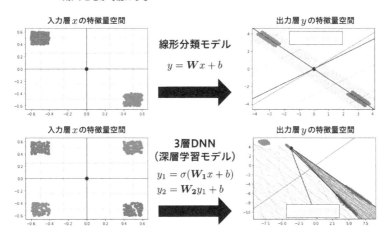

次に全結合ニューラルネットワークと線形分類モデルを比較してみます。これらを見比べてみると、全結合ネットワークの最後の2層は線形分類モデルと同じ形になっていることがわかります（**図3-16**）。つまり、全結合ニューラルネットワークは、分類しやすいように特徴量空間を歪めた後に線形分類モデルで分類をかけるモデルと解釈できそうです。非線形変換を何度も行うことによって、特徴量空間を歪め、分類の線をうまく引けるようになります。

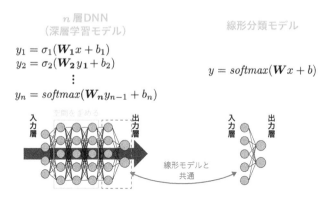

$$y_1 = \sigma_1(\boldsymbol{W_1}x + b_1)$$
$$y_2 = \sigma_2(\boldsymbol{W_2}y_1 + b_2)$$
$$\vdots$$
$$y_n = softmax(\boldsymbol{W_n}y_{n-1} + b_n)$$

$$y = softmax(\boldsymbol{W}x + b)$$

　最後に、実際に学習された深層学習モデルでどのような特徴量が取得されているのかをみてみます。**図3-17**は学習済みのCNNベースの画像認識深層学習モデル（InceptionV1）でフィルターがどのような特徴量を取得しているかを可視化したものです[4]。左から右にいくに従って浅い層から深い層で取得している特徴量を可視化しています。浅い層では色や簡単なパターンを取得していますが、深い層ではそれらを組み合わせたより複雑な特徴量を取得できています。このように非線形変換を何度も繰り返して特徴量をより複雑なものに変化させていくことを**抽象化**と呼びます。

●図3-17　学習済み画像認識深層学習モデル（InceptionV1）の特徴量抽出器の可視化。図はDistillの記事［4］より引用。（上）InceptionV1ネットワークの全体図。（下）特徴量抽出器の可視化結果。層が深くなるに従い、特徴量抽出器が取得するパターンが複雑になっていることがわかる

3a
3b
4a
4b
4c
4d
4e
5a
5b
0
1
2
input
softmax
最初の畳み込み層
（上図の"0"）
3番目の畳み込み層
（上図の"2"）
3bブロックの畳み込み層
（上図の"3b"）
Gabor Filters 44%
Color Contrast 42%
Color Contrast 21%
Textures 8%
Proto-Head 3%
Divots 2%

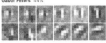

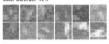

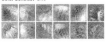

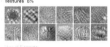

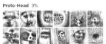

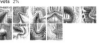

3.4

過学習と正則化

| 本節の
主な対象読者 | ML初学者  ✓ | ML履修者 ☐ | 初歩的な内容のため、
特にML初学者に
知っておいてほしいもの |

　学習データをまる覚えしてしまい、学習データ以外では有用でない特徴を学習してしまうことがあります。一番直感的な例は多項式回帰で、データ点と同じ数のパラメーター数をもった場合です（**図3-18**）。この例のようにパラメーター数≧学習データ数の状況では、パラメーターを調整すると学習データの誤差をゼロにすることができます。しかし、誤差がゼロといってもデータの本質的な部分を学習できていないため、学習結果は真の値とはまったく違うものになっています。このように学習データをまる覚えしてしまうことを**過学習**または**過適合**、**過剰適合**と呼びます。

● **図3-18** 　［0.1*(x-8)^2］にノイズを加えたデータと、それに対して過学習した結果。学習した曲線はノイズの乗ったデータに対して誤差0になっているが、真の値とはまったく違った関数を学習している。［134］より意図が変わらないように著者が再作図した

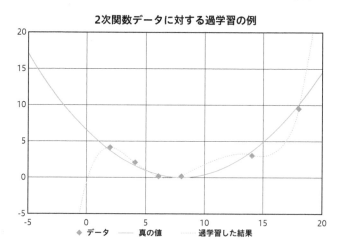

　このようなまる覚えを防ぐために、**正則化**（regularization）と呼ばれる手法を使うことができます（**図3-19**）。よく使われる正則化手法としては、重みの大きさに制限をかけるL1正則化、L2正則化があります。重みの大きさ自体を目的関数に加えることにより、大きな重みで極端な変化を与えようとすることを防いでくれます。L2正則化は深層学習の分野では**重み減衰**（weight decay）と呼ばれています。深層学習では、学習中に使用できないニューロンを確率的に出現させることにより過学習を防ぐ**ドロップアウト**（dropout）もよく使われます。

● **図3-19**　正則化の例。（左）損失関数に平均二乗誤差を用いた線形回帰モデルにL1正則化、L2正則化を使ったときの目的関数の例。（右）ドロップアウトの概念図。学習中に確率的に一部のニューロンを選択し、それらを使わないようにする。推論時はすべてのニューロンを使う

L1正則化

$$Loss = (y - \hat{y})^2 + \lambda\sqrt{w^T w}$$

L2正則化

$$Loss = (y - \hat{y})^2 + \lambda w^T w$$

ドロップアウト

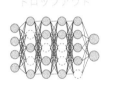

3.5

転移学習

転移学習（transfer learning）とは、あるタスクで学習したモデルを、別のタスクに転用する手法です。具体例を挙げると、130万程度の画像データが存在するImageNetデータセットで学習（**事前学習**といいます）させたモデルを自分が取り組みたいタスクのデータセットで再学習させる、などです。この枠組みの中で学習済みモデルを新たなタスク（データセット）で再学習する過程を**微調整**（fine-tuning）といいます。転移学習の目的は「あるデータセットで事前学習した結果得た知見を別のデータセットで学習するときに活かす」ことなので、通常事前学習の対象にするデータセットはImageNetデータセットのようにある程度大きなデータで行うことが多いです。**図3-20**のように、事前学習をすればある程度データが少なくともそれなりの性能をもつモデルが学習できます。

● 図3-20 転移学習の効果。事前学習したモデルを、各カテゴリ1〜100個のみのデータで微調整を行ったときの精度を示している。縦軸は精度、横軸は使用データ数を表す。左の折れ線グラフをみると、転移学習により少ないデータでよい精度をもつモデルを学習できていることがわかる。図は [5] より引用し、著者が注釈をつけた

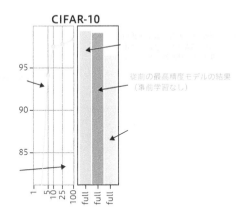

第 **4** 章

機械学習のタスク

本章では、機械学習がよく活用されているタスクを紹介します。これらのタスクはそのまま実社会で適用できることも多いです。本章では詳細に入らず、どのようなタスクで機械学習が活用できるかを紹介する意図で軽く紹介していきます。

本節の 主な対象読者	ML初学者 ✅	ML履修者 ☐	初歩的な内容のため、 特にML初学者に 知っておいてほしいもの

　動画や画像系のタスクは深層学習がよく使われています。動画や画像で必要な特徴量は抽象的なものが多く、深層学習のような表現力が豊かなモデルが活躍しています。

画像分類

　画像分類（image classification）は、深層学習が注目されるきっかけになったタスクです。**画像認識**（image recognition）ということもあります。1つの画像に対して、1つか複数のラベルがつけられ、それを画像から判別するタスクです（**図4-1**下段左）。

物体検知

　物体検知（object detection）とは、画像中に存在する人や動物の位置と大きさを矩形領域として切り出すタスクです（図4-1下段中央）。基本的に物体の位置を特定する回帰タスクと物体の種類を分類する分類タスクの2つに分かれています。矩形領域中の物体の種類を当てる分類タスクと、矩形領域で囲う位置を正しくする回帰タスクの両方を行うことで、物体の種類と位置を正しく判別させます。物体検知を使ったプロジェクトについては7.2節で紹介します。

意味的領域分割

　意味的領域分割（semantic segmentation）は、画像に対して、人・車

など同じ意味をもつ物体を画素レベルで色分けするタスクです（図4-1下段右）。物体検知は矩形領域ですが、こちらは画素レベルでの予測が必要です。ただし、意味的領域分割では同じ種類の物体は同じように塗り分けられて区別ができません。個体別に塗り分けを行う**個体的領域分割**（instance segmentation）というタスクもあります。意味的領域分割を使ったプロジェクトについては7.3節で紹介します。

●**図4-1**　3つの画像系タスクの出力の違い

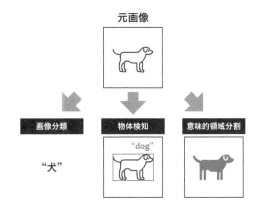

ほかにも**表4-1**のような動画像におけるタスクがあります（**図4-2**）。

●**表4-1**　その他の動画像タスクの例

タスク名	内容
行動認識	動画からどんなことをしているかを読み取るタスク
画像生成	画像を生成するモデルを学習するタスク。単純なモデルの例としては、ノイズから学習データにありそうな画像データを生成させる
姿勢推定	人間の頭、肩、目などあらかじめ決められた体の節を回帰で求めるタスク
トラッキング	動画において、個体をそれぞれ追跡するタスク

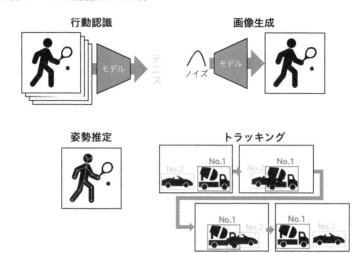

● 図4-2　　4つの動画像系タスクの例

4.2

自然言語処理・音系のタスク

本節の 主な対象読者		初歩的な内容のため、 特にML初学者に 知っておいてほしいもの

　日本語や英語など普段我々が使う自然言語を使ったタスクを総称して**自然言語処理**（natural language processing）といいます。動画像と同じく深層学習系モデルが強い分野であり、2017年までは、RNN系やCNNが使われていましたが、2017年末に登場したトランスフォーマーがそれらと比較して高性能だったので、それ以降トランスフォーマーを改良したモデルがよく使われています。また、音声や音響など**音データ**に対しても深層学習がよく使われています。代表的なタスクは**表4-2**のとおりです。自然言語処理や音系のプロジェクトの例については7.4節、7.6節で紹介します。

● **表4-2**　自然言語処理と音系の代表的なタスク

タスク名	内容
翻訳	日本語→英語など入力文から異なる体系の言語を生成するタスク
言語モデル	文書を途中まで入れ、次にくる単語を予測するタスク。たとえば、"I play tennis"と入力し、次にくる単語を予測する。この言語モデルで事前学習を行い、転移学習を行うことも多い
質問回答	質問を自然言語で入力し、それに対する回答を出力、またはあらかじめ用意されたものから選択するタスク
文書分類	文書の分類問題
感情分析	映画評の良い評価か悪い評価の分類など、文書が表す感情に関するタスク
文書要約	長文の要点をまとめて短文にするタスク
チャットボット	自然言語で入力された会話に自然言語で返答するタスク。FAQに対する回答を自動でさせるなどの用途ですでに実用化されたものもある
音声認識	人が発した音声を文字に変換するタスク
音声分離	特定の人の発話などを周囲の雑音から分離するタスク
音声合成	自然言語のテキスト入力から音声を生成するタスク

4.3

異常検知のタスク

本節の 主な対象読者	ML初学者 ✓	ML履修者	初歩的な内容のため、 特にML初学者に 知っておいてほしいもの

　異常検知とはその名のとおり、正常なデータや動作とは大きくかけ離れた異常値を見つけるタスクです。機械学習的な手法も使えますが、ホテリング理論のような外れ値を見つける統計的な手法も有効です。機械学習的な手法をメインにした異常検知のプロジェクト例については7.1節で紹介します。

4.4

テーブルデータ系のタスク

本節の 主な対象読者	ML初学者 ✓	ML履修者	初歩的な内容のため、 特にML初学者に 知っておいてほしいもの

　テーブルデータとは、データベースに登録されているような1行が1データとして表された表形式のデータセット（図2-4など）のことで、幅広い応用の仕方があります。このようなテーブルデータに適用できる最も基本的な機械学習モデルは線形モデルです。コンペ形式でモデルの精度を競うKaggleでは、ランダムフォレストなど決定木系を使った手法が有力でした[6]が、近年ではXGBoost, CatBoostなどGBDT系の手法や深層学習を使った手法が有力になり、これらの手法を用いた上位入賞者が多い傾向にあります。テーブルデータを使った機械学習プロジェクトについては6.1節で紹介します。

4.5

数値計算手法の近似

| 本節の
主な対象読者 | ML初学者 ✓ | ML経験者 | 初歩的な内容のため、
特にML初学者に
知っておいてほしいもの |

Computer-Aided Engineering（**CAE**）をはじめとして、製造業では多くの**シミュレーション**を使っています。しかし、有限要素法などは解像度を上げると精度が上がる一方、解析時間が長くなるという欠点があります。近年深層学習を用いて、それらのシミュレーションを近似するという研究が出ています。シミュレーションを機械学習で近似する機械学習プロジェクトについては7.5節で紹介します。

第2部

機械学習の利活用

第2部では、機械学習を利活用する方法を具体的に説明していきます。5章では利活用のハードルが高くないことを説明し、6章で具体的な機械学習を使ったプロジェクトの手順などを説明していきます。7章で利活用の具体例を紹介し、8章で留意すべき点を詳細にみていきます。最後に9章で機械学習の説明性についてみていきます。

第 **5** 章

機械学習は一般企業でも活用できる

本節の 主な対象読者	ML初学者 ☑	ML履修者 ☑	MLの習熟度を問わず、 知っておいてほしいもの

　ここでは、役に立つ機械学習モデルを作ることは一般企業でも可能であることを、「機械学習を学べる環境」「機械学習の実践経験」「機械学習のソフトウェア/ハードウェア環境構築」「人材の確保」の観点から説明します。公開されている情報や安価で使える資源を活用すれば、機械学習を学んだり、活用したりすることが可能です。安価とはいっても、その内容は非常に充実しており、専門職になるために十分なレベルの体系的な知識や情報を得られたり、ある程度の規模の実験を行うのに十分なハードウェア環境を、無料もしくは数万円程度で準備できます。

　また以下で述べるように学べる環境も十分に整っているので、素養のある人材を集中的に1〜2年学ばせれば、一般企業でも役に立つ機械学習モデルを作れる可能性は十分あります（**表5-1**）。

● **表5-1**　機械学習を取り巻く環境。公開されているかつ安価なもので必要十分なものが手に入れられる

大分類	項目	価格	代表例
機械学習を学べる 環境	大学のウェブ公開 講義	0円	スタンフォード大学など
	ウェブ講義	数千円〜 2万円程度	Coursera, Udemy
	最新の研究内容	0円	論文
機械学習の実践経験	分析のコンペ参加	0円	Kaggle, SIGNATE
機械学習のソフト ウェア環境構築	機械学習ライブラリ	0円	scikit-learn, XGBoost, TensorFlow, PyTorchなど
機械学習のハード ウェア環境構築	深層学習用途以外の 計算資源（最低限）	-	通常のノートPC （支給されたPC）
	ウェブで使える高性 能計算資源（無償）	0円	Kaggle Code （旧Kaggle Notebook）
	ウェブで使える高性 能計算資源（有償）	1100円/月	Google Colab Pro （$9.99/月）
機械学習ができる人 材の確保	ドメイン知識と素養 がありそうな人材	0円	新規に高額人材を採用する 代わりに、ある程度素養が ある社内の人材に1〜2年勉 強してもらう

機械学習を学べる環境

　高品質な教材で安価に機械学習を学ぶことが可能です。まず、スタンフォード大学などの大学が無料で機械学習の講義を公開しています。基本的な理論はこれらを見れば十分です。CourseraやUdemyといったウェブ講座もあり、数千円〜2万円程度で数十時間の講義を受けることが可能です。多くは英語ですが、日本語字幕で見ることが可能なものや、日本語で視聴可能な講義もあります。Courseraは多くの大学と単位提携をしており、学位の取得も可能になっています。また、最新の機械学習の研究は論文で公開されますが、ほとんどのものはarXiv上で公開され、自由に閲覧することが可能です。有力な国際会議の採用論文もウェブ上に公開されているものが多いです。

機械学習の実践経験

　知識を習得したら、実践経験を積むことで次のレベルに到達できます。実際のデータを扱いながら実践経験を積むことができればよいですが、常にそのような機会があるとは限りません。しかし、機械学習界隈では、そのような実践経験を積める場があります。Kaggleという無料で参加できるデータサイエンスの賞金付きのコンペがあり、そこでは世界中の研究者やエンジニアが、より高品質なモデルを構築して賞金や名誉を獲得するために競い合っています。2021年5月現在、常に何かしらのコンペが開かれており、無料で参加することが可能です。

　実際の機械学習を使ったプロジェクトの流れは6.1節で詳述しますが、機械学習で解ける問題設定を考えることや実運用などを除けば、機械学習プロジェクトのいろいろな要素を、Kaggleを通して実践経験を積むことが可能です。またKaggleでは上位入賞者が解法を公開したり、知見の共有が頻繁に行われたりするので、エキスパートたちがどのような考え方で問題に取り組んでいるのかを知ることができます。日本でもSIGNATEというKaggleのようなコンペが行われているコミュニティがあります。

　もちろんKaggleだけで、機械学習プロジェクトのすべてが学べるわけではありませんが、参加することで非常に有用な知見を得ることがで

きます。

機械学習のソフトウェア環境構築

　通常、企業で物理シミュレーションソフトなどを導入しようと思うと、そのほとんどは有料で高価です。しかし機械学習に関しては無料でソフトウェア環境を整えることができます。深層学習のライブラリである TensorFlow、PyTorch は無料でインストールが可能ですし、scikit-learn という深層学習以外の機械学習手法を中心に扱うことができるライブラリや、近年 Kaggle でよく使われる XGBoost、LightGBM など勾配ブースティング系のライブラリも無料でインストールが可能です。ソフトウェアの環境構築につまずくことも多いですが、困ったときはウェブで検索をかければ、Stack Overflow や Qiita などのウェブサイトで有用な情報を得られることもあります。

機械学習のハードウェア環境構築

　特に深層学習が顕著ですが、機械学習を快適に扱うためには高価な計算資源が必要です。深層学習以外は通常のノート PC でも動作しますが、深層学習をしようと思うと高価な GPU 搭載計算サーバーが必要です。安価に済ませようと思うと、（GPU メーカーの NVIDIA は推奨していないですが）ゲーム用 PC を使えば通常のノート PC より少し高いくらいの値段で GPU 付き計算環境を整えることが可能です。また Kaggle や Google の Colab でも時間制限付きですが無料で GPU を使うこともできます。Google の Colab は有料版の Colab Pro もあり、2021年6月時点では非常に安価です。Colab Pro の TPU[1] を使い、非常に大規模な言語モデルである T5 [7] を 1000〜2000円で学習させたというブログ記事による報告[2]もあります。

※1　Google が開発した機械学習に特化したプロセッサ。

※2　https://qiita.com/sonoisa/items/a9af64ff641f0bbfed44

70

人材の育成

　機械学習では、数学や機械学習・統計学に関する知見はもちろん非常に重要ですが、解析する対象データの知識、すなわち**ドメイン知識**も非常に重要です。6.3節で説明するように実務で活用できる機械学習モデルを作るために、ドメイン知識の活用が不可欠で、その実務に長年携わることで培った経験がモデル構築時に活きてきます。外部の超優秀なAI人材を多数採用することができれば非常によいことですが、上述のように誰でも機械学習を学べ、（ある程度）安価に活用できる環境は整っているので、ドメイン知識をもっている社内の人材を活かしてドメイン特化のAI人材に教育していくのも非常によい手段です。特定のドメイン知識と機械学習技術を組み合わせられる人材は業界内で活躍できる素養があるので、個人のキャリア構築としてもよい選択肢になりえます。

第 **6** 章

機械学習を現場で
活用するには

ここでは、機械学習を実際の現場で使うにはどうすればよいかをみ
ていきます。まず、6.1〜6.5節では機械学習の活用プロジェクトに
ついてみていき、プロジェクトの流れ、機械学習で解きやすい問題
設定の方法、人間のもっている知見を組み込むことが重要であること、
ウェブから利用できる資源の活用方法、データの種類と機械学習手
法の選択について解説しています。次に6.6〜6.7節では進化の速い
機械学習業界でキャッチアップしていく方法として、情報の集め方
や論文の読み方を紹介します。最後に6.8〜6.9節で機械学習の問題
点と、機械学習が常に最高の手段になるとは限らないことを説明し
ます。

ここでは、機械学習活用プロジェクトの流れを、例とともに説明します。各節で詳述しますが、プロジェクトの流れは大まかに以下のようになっています。

1. （6.1.1節）課題から機械学習で解決できそうな部分を見つけ、実現性を探る
2. （6.1.2節）機械学習で解けるように問題を設定する
3. （6.1.3節）必要なデータを集め、前処理をする
4. （6.1.4節）機械学習を使って、学習/改善を行う
5. （6.1.5節）機械学習を実務に組み込む

ここでは例として「毎日発生する商品の発注処理が難しく高コスト」という問題を解決する設定で、機械学習プロジェクトの立ち上げから実運用までの流れを解説します。

6.1.1　課題から機械学習で解決できそうな部分を見つけ、実現性を探る

ここでは、解きたい課題から機械学習を活用できそうな部分を探すというプロセスを見ていきます。「毎日発生する商品の発注処理が難しく高コスト」という問題をもう少し具体化すると、以下2つの課題に集約できるとします。

① 作業負担が大きく業務を圧迫する
② 発注処理は慣れが必要なので、店舗によって予測精度のばらつきが大きく、廃棄や機会損失が大きくなるリスクがある

　これらの課題に対して、機械学習を用いたアプローチと手動でルールを作るアプローチ両方を検討した結果をまとめたのが**表6-1**です。以下詳細にみていきます。

●**表6-1** 機械学習を使ったアプローチと手動でルールを作るアプローチの比較。両者とも完成すれば課題①②両方を解決可能だが、実現性と工数の観点から機械学習のアプローチの方が実現性があると判断できる

	想定工数	到達精度	課題①を解決できるか	課題②を解決できるか
ルールベースの予測	全商品のルールを手動で作るとなると非常に膨大で非現実的な工数になる	ルール化作業が困難なため精度が良いものができるかは微妙	解決可能	解決可能
機械学習による予測	商品種を変数にすれば現実的な工数で実施可能	他社の実績があり、データ数もあるため、実用可能な精度になる可能性あり	解決可能	解決可能

　この2つの課題を一挙に解決するためには、発注作業のエキスパートがしていることと同じことを自動的に実施するシステムを作れば何とかなりそうです。これを実現する一番単純な方法は、エキスパート発注者の考え方を反映したルールを作ってシステムに組み込むことです。しかし課題②からわかるように、これを数値的な処理ルールに落とし込むことは非常に困難です。たとえば、台風が直撃する日では売上が下がるのは素人でも何となくわかりますが、数値的に何％下がるのかといわれると、エキスパートでも完全に数値化するというのは難しいでしょう。さらに考慮しないといけない要素は台風だけでなく地域のイベント、テレビCMやSNSの影響など多岐にわたります。また、さまざまな商品を発注する必要があるので、影響を数値化する作業をすべての商品群に対して行わなくてはなりません。たとえば「商品の分類がおにぎり、かつ台風がくる、かつイベントがない、かつテレビCMがない場合は、売上xx％低下」などのルールを作る必要があります。組み合わせのパターン

が膨大であるため、これらのルールすべてを作る作業量も膨大です。さらに、正しく数値化することも難しいため、それらを作ったからといって本当にうまく動作するのかも不透明です。

そこで、機械学習の力を借りることを検討してみます。ここでの前提条件は、商品ごとの売上とそれに影響しそうな要素のデータが十分に存在していることですが、この案件では幸いにも大量のデータが蓄積されているとします。

まず課題①「作業負担が大きく業務を圧迫する」に関して、機械学習モデルは入力と出力をうまく近似できる関数を見つける作業なので、いったんモデルを作ってしまえば繰り返し発生する発注作業を自動化できます。次に課題②「発注処理は慣れが必要なので、店舗によって予測精度のばらつきが大きく、廃棄や機会損失が大きくなるリスクがある」に関してですが、機械学習モデル自体は使う人によって出力が変化することはないので、エキスパートの作業を再現するモデルを作れれば、初心者でもエキスパート並みの予測精度で発注できます。そして最後に実現可能性です。いくつかの記事[1]をみていると、需要予測や売上予測は機械学習の活用実績やツールがありそうなので、発注数予測、すなわち売上数予測を機械学習で取り組むこと自体はそこまで筋が悪くはなさそうです。

6.1.2　機械学習で解けるように問題を設定する

機械学習を使うことが決まったら、具体的な問題設定を決めなければなりません。本節では、問題設定を作るうえで気をつけるべきことを説明し、例に沿ってどのように設定するのかをみていきます。

まず問題設定を作るうえで気をつけるべきことですが、以下の2つを頭の片隅に置いておく必要があります。

A）まずは小さなプロジェクトでリスクを確認する
B）機械学習に解かせる問題はできる限り簡単にする

---

[1]　「AI　売上予測」「機械学習」と検索すれば、サービスや記事が出てきます。たとえば、https://newswitch.jp/p/22165 など。

　まずAについて、機械学習のモデル開発は必ずしも所望の性能に到達できるとは限らないことに起因しています。そういった状況でいきなり高度かつ複雑なモデルを構築すると、時間が膨大にかかるため失敗したときのリスクが大きくなります。また、モデルが扱うデータが多種多様だと、後述するデータの整形・前処理作業が膨大になります。さらに最初から多種のデータを扱える複雑な構造をもつモデルを使うと、どれが精度向上要因なのかの解析が難しくなります。

　そのため、まずは必要最小限のデータと簡単に扱えるモデルを使って、少しずつ改善施策を適用しながら開発を進め、所望の性能に達せられるかのリスクを確認しておくことをおすすめします。これについては、6.2.3節で詳しく説明します。

　次にB「機械学習に解かせる問題はできる限り簡単にする」については、機械学習は万能ではなく、簡単なタスクを解かせる方が精度のよいモデルになりやすいということに起因しています。たとえば同じ画像の2値分類問題でも、魚の画像と犬の画像を見分けるタスクよりカレイとヒラメを見分けるタスクの方が難しいです。前者は犬と魚自体の形状が似ていませんし、背景として写っているものもまったく違うため、この2種類を見分けることは比較的容易です。一方後者は同じような見た目をしているだけでなく、海などの共通する背景をもっており、2種類の画像の差分を見つけることが難しいです。機械学習も人間と同じように画像上の特徴から差分を見つけるので、共通する特徴が多いと同じ2値分類問題でも難易度が高くなります。同じ画像分類というデータセットでも、ImageNetの2021年5月末時点での最高精度は90.2% [8] でCIFAR-10の最高精度は99.7% [9] です。このように同じ画像分類でも設定によって精度が大きく異なります[※2]。問題設定をできるだけ簡単にすると少ない労力で精度を向上させることができるので、問題設定の簡単化は深く検討すべき事項です。到達精度に関しては、6.2.2節でもう少し詳しくみていきます。

　以上2つを念頭に置いたうえで、この段階で決めることは下記4つに

※2　たかが10%と思われるかもしれませんが、この差は非常に大きいです。CIFAR-10は6万個のデータから10種のカテゴリの分類を行い、ImageNetは130万個のデータから1000種のカテゴリの分類を行います。データの多様性が高いため、ImageNetのほうが難しいタスクになります。

まとめられます。

① 何をモデルの出力とするか
② 何をモデルの入力とするか
③ どの程度の精度を目指すか
④ 学習と推論（実運用時）でどの程度の計算資源を使うか

　①②はモデルで何を学習させるかを具体的に決める部分です。③④は技術だけでなくビジネス要件も絡んでくる部分です。

①何をモデルの出力とするか

　この例ですと、発注数の予測値を算出させることに相当します。次回の発注分が納入されるまでに、今回の発注で納入される商品と現在の在庫数を合わせた量を、ちょうどよく売り切れることが理想です。しかしよく考えると、「必要発注数 = 売上予測数 − 在庫数」です。発注数を予測させるタスクですと、未知の売上予測数だけでなく在庫数という既知の値もモデルは考慮する必要があります。機械学習に解かせる問題はできる限り簡単にする必要があるので、既知の値である在庫数の予測は不要です。また、モデルで売上予測数を算出したとしても、後処理で在庫数を引いてやれば必要発注数は算出できます。つまり、モデルに必要発注数ではなく売上予測数を算出させてやると、問題も簡単にできますし、やりたいこと自体も達成可能です。よって、モデルは必要発注数を直接予測するのではなく、売上数を予測させることにした方が良さそうです。

　ここでは、4日ごとに「発注」と「前回の発注分が納入」というイベントが発生すると仮定します。発注した商品の納入が4日後なので、今ある在庫と今回の発注分の商品で、次回の発注分が納入される8日後までの売上をまかなえれば問題ありません。よって、モデルには「発注日（現在）から次回の発注分が納入される日まで合計8日間のある商品の売上数」を出力（予測）させることにします（**図6-1**）。

● 図6-1　機械学習に解かせる問題を簡単にするため、既知の在庫数をモデルに考慮させることはやめ、代わりに売上数を予測させる

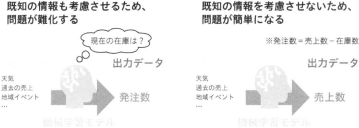

②何をモデルの入力とするか

次にモデルの入力ですが、A「まずは小さなプロジェクトでリスクを確認する」という観点が密接にかかわってきます。世の中には画像、文書、テーブルデータ、音声などいろいろな種類のデータがあります。今回の売上数（発注数）予測の例ですと、商品売上にかかわってきそうな要素を入力としたいのですが、過去の売上や類似商品の売上、商品の種別、商圏の人口、天気、地域イベント予定、SNSやテレビCMなど影響を与えそうな要素が多岐にわたります。理想的にはこれらをすべて入力データに入れてモデルに考慮させたいですが、処理すべきデータ量やモデルが巨大かつ複雑となりすぎるので、さきほど述べたように初手で行うのはリスクが高いです。そのため、現場の方々（発注担当者）の知見・知識、すなわちドメイン知識を用いて使用する要素（データ）を厳選します。彼らの判断をある程度模倣できるようになることがプロジェクトの最初の目標になります。人間のエキスパートが重要視している情報をもとに使用する要素を厳選してモデルに与えることで、入力データの種類を少

なくしつつ、入力情報の質を高めることができます。ここではドメイン知識から、過去の売上、類似商品の売上、商品の種別、天気の4つが最重要だとエキスパートが判断したとして、それらをモデルの入力にすることにします（**図6-2**）。

●図6-2　　入力データの選別の例。考慮すべき要素は数多く存在するが、すべてを考慮に入れることは工数的に困難。まずはエキスパートの意見を聞いて絞り込む

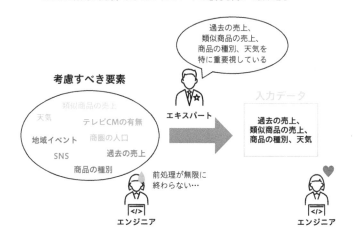

③どの程度の精度を目指すか

　これは運用方法と密接にかかわる部分です。誤差がまったくないモデルができることが理想ですが、それは不可能に近いでしょう（6.2.2節で詳述）。今回のケースでも、想定していない偶発的な事象で売上が大きく左右されることが考えられるので、売上数（発注数）を毎回ピタリと正確に予測することは難しいと思われます。このように、外因に予測値が大きく左右される場合や、医療など予測の誤りに大きなリスクを伴う場合などでは、「機械学習モデルは推奨値を出してサポートはするが、最終的な判断は人間が行う」という戦略がとられる場合があります [10]。今回の例では、想定外の外因や地域特有の現象をすべてモデルに入れ込むことは困難であるため、「機械学習モデルが発注推奨数は出すが、特殊事情による推奨数の微修正は人間が行う」という戦略になります。状況によりますが、このような推奨数を算出してくれるだけでも作業負担

を小さくでき、エキスパートと初級者の予測の質の差をある程度埋めることができます。この戦略をとる場合に重要なのが、モデルの（予測結果の）説明性です。モデルの説明性とは、モデルが何を根拠として予測値を算出したかを可視化する技術などのことで、9章で詳述します。今回の例では、ただ「発注数100を推奨」とモデルが予測値を出しただけでは、何を考慮して修正をかけるのかの判断が難しいですが、「発注数100を推奨。過去7日間の売上を重視して予測」という情報量を追加させることで、「普段の売上の実績よりも週末に実施されるイベントの影響は大きそうだが、モデルは考慮していないので予測値を修正しよう」と人間が判断でき発注数を修正しやすくなります（**図6-3**）。このように、機械学習モデルの予測が完璧でなくても人間を介在させることで、負担を下げつつも判断の質を保つことが可能です。今回の例では「モデルに説明性をもたせつつ推奨発注数を算出。そして最後は人間が微修正する」という運用をとることで、予測精度はそこまで要求しないことにします。

● **図6-3**　人間と機械学習を協業させた例。機械学習モデルが考慮していないイベントを人間による修正で補完する

④学習と推論（実運用時）でどの程度の計算資源を使うか

　最後に計算資源についてです。GBDT系や線形回帰などは学習・推論ともにそこまで大きな計算資源を要求しません[※3]。しかし、どの程度の

※3　もちろん計算資源が潤沢にあるに越したことはありません。

計算資源を使えるかという判断は、深層学習を使う場合は特に重要になります。深層学習の場合は高価で高性能なCPUだけでなく、GPUやTPUを搭載した計算機を必要とし、場合によってはそれを数週間から数ヶ月以上実験で使い続けることになります。そのため、機械学習を活用するプロジェクトを実施する際は、どの程度の計算資源が使えるのか、またはAWSなどの計算サーバーのコストがどのくらい許容できるのかを確認しておく必要があります。今回の例では、運良くエンジニアの手持ちPCが高性能だったので学習（開発）は手持ちPCで行うことにします。モデルのデプロイは本書の内容を超えるので詳述しませんが、実運用は何らかのサーバー上で動くウェブアプリを作ることにします。

■ 6.1.3　必要なデータを集め、前処理をする

前節で専門家のドメイン知識をもとに使用する入力データが決まりました。ここでは、モデルを学習させるためにデータをどう整形するかを説明します。まず入出力のペアデータを作ることを説明し、前節で述べた問題を簡単にするという思想に基づいて特徴量（説明変数）を作成することを説明します。次にカテゴリ変数と定量データ（比例尺度）において代表的なデータ**前処理**方法を説明します。最後に学習データ、評価データなどデータを分割する必要があることを説明します。

扱うデータが決まったら、それを機械学習で扱えるように整形しなくてはなりません。整形処理を行っていないデータを俗に**生データ**と呼びますが、今回のような教師あり学習を行う場合は、生データから入力データと出力データのペアを作る作業が必要です。もう少しこの例に沿って具体的にいうと、**図6-4**のような日ごとのデータや商品種別を記したデータを整形し、6.1.2節で決めたモデル出力の正解値とモデルに入力するデータのペアを作ります。

●図6-4　複数の生データから、モデルが扱える入出力データに整形する前処理例。問題を簡単
にするため、エキスパートから得られた「過去7日間の売上や週間の売上変化を重視し
ている」というアドバイスが組み込まれている

生データ1

日付	商品Aの売上数	類似商品Bの売上数	当日の天気	8日前に予測された天気
4月1日	360	37		
4月2日	624	293		
4月3日	357	235		
4月4日	299	249		
4月5日	168	460		
...	...	...	...	...

生データ2

商品	種別
商品A	チョコレート
商品B	チョコレート
...	...

モデルに読み込ませるデータ

目的変数　　　　　　　　　　　　説明変数

発注日	商品Aの8日後までの売上数	前週(直近7日分)の売上数	前週と前々週の売上変化	類似商品Bの前週の売上数	晴れ確率 ~晴時々曇	晴れ確率 ~晴のち曇	晴れ確率 ~曇り晴	8日後までの予報で雨でない日の数
4月1日	3067	0.649	0.368	-0.155	0	1	0	5
4月2日	3149	0.302	0.204	-0.293	0	1	0	6
4月3日	2802	0.184	0.374	0.271	0	1	0	6
4月4日	2684	-0.001	0.236	0.199	0	1	0	6
4月5日	2499	0.806	0.149	0.031	0	1	0	6
...	...	...	...	...	...	...	...	...

　ここで実施した処理について簡単にみていきましょう。まず、データ
の処理前後で特徴量（説明変数）が増えていることに気づきます。元デー
タでは該当商品の日別売上数という特徴量ですが、それを週ごとの売上
情報にまとめた特徴量に変換しています。この処理は6.1.2節のB「機械
学習に解かせる問題はできる限り簡単にする」という思想に基づいており、
エキスパートが週次の売上数の変化を参照しながら発注数を考えている
という事実[4]から、モデルがそれを考慮しやすいように特徴量として入
れています。このようにわかりやすい特徴量を入れることで、機械学習
に解かせる問題を簡単にできます。

　また、「前週の売上数」などの数値をみると、売上数という整数デー
タが連続値になっていることがわかります。これは標準化という処理を
行ったためです。この処理では、各特徴量に平均0で標準偏差1の分布
をもたせるように変換します。具体的には、特徴量x全体の平均μと標

※4　あくまでこの例の仮定です。

準偏差 σ を使って以下のように処理し、処理後特徴量 x' を算出させます。下付き文字の f は各特徴量独立でこの操作を行うことを示しています。

$$x'_f = \frac{x_f - \mu_f}{\sigma_f}$$

この処理は、特徴量の数値に掛け算や足し算などの演算処理を直接行う線形モデルや深層学習系の手法では必須です。たとえば、体重と身長の2つの特徴量を扱うモデルで、体重をミリグラムで表記し、身長をキロメートルで表記すると、見かけ上体重の数値が何桁も大きく、それに伴うサンプルごとの変化量も大きいため、体重の影響が学習に出やすくなります。一方、体重をキトロン（1000トン）で表記し、身長をミリメートルで表記すると、逆に身長の影響が出やすくなります。このように等価な問題設定でも数値のスケールによって特徴量の捉えられ方が異なってしまうので、それを防ぐために標準化処理を行い、数値のスケールを合わせています。ランダムフォレストや決定木のように、数値をもとに場合分けをするモデルの場合は、スケールの違いによる影響が出にくいので標準化処理を行わないことも多いです。

次に商品種別というカテゴリデータを見てみましょう。処理前は生データ2に示すような商品種別というカテゴリデータ1つでしたが、処理後は酒類、菓子類、パン類という商品種別を示す3つの特徴量に増えています。このような処理を**ワンホットエンコーディング**（one-hot encoding）[5] といいます。この処理では複数種類あるカテゴリデータを、あるカテゴリであるかどうかを0/1の値で表します。A, B, C, …のようなカテゴリを表す文字は直接モデルで処理できませんが、ワンホットエンコーディングでモデルが処理できる形式（数値）に変更します。特に、目的変数がカテゴリデータのとき、このような処理が行われたカテゴリ変数を**ワンホットラベル**と呼びます。

ここで、「わざわざ3つに特徴量を増やさなくても、A→1, B→2, …のように整数値で表現すればよいのでは」と考える方がいるかもしれませんが、それは不適切な処理です。なぜならば、特徴量の意味が変わってしまうからです。線形モデルなどの数値に掛け算や足し算を直接演算

---

[5] ワンホットエンコーディングでは、あるカテゴリかどうかを0/1で表した特徴量をカテゴリ数分作成します。たとえば、ABCの3カテゴリがある状態におけるカテゴリBは、(0,1,0) と表現されます。

する手法では、1や2などの数値をカテゴリとして扱うことができず、ただの連続値として解釈されてしまいます。そのため、A(=1)とB(=2)は似ておりA(=1)とD(=4)は似ていないというように解釈され、カテゴリ間に無意味な距離が生じてしまいます。このように元々特徴量がもっていた意味を変えてしまうため、意図的に行う場合を除いて避けるべきでしょう。

ワンホットエンコーディングのほかにも、8.1.3節で少し触れるターゲットエンコーディングという処理もありますが、これらの精度向上施策は本書では詳しく扱いません。詳細に知りたい方は、[11]などの技術書を参照してください。CatBoostなど一部のライブラリでは、このようなカテゴリ変数処理を自動で行ってくれるものもあります。

ここまでできたら、データを入れれば一応学習できる形式にはなっています。しかし、このデータ全部を使って学習し、同じデータで評価するわけにはいきません。なぜならば、学習データだけに過剰に適合してしまう過学習（または過適合）と呼ばれる現象が発生し、学習データ以外でまったく性能が出ないモデルになってしまうからです。たとえば、**図6-5**が過学習の例です。

● **図6-5** 　(図3-18の再掲) [0.1*(x-8)^2]にノイズを加えたデータと、それに対して過学習した結果。学習した曲線はノイズの乗ったデータに対して誤差0になっているが、真の値とはまったく違った関数を学習している。[134]より意図が変わらないように著者が再作図した

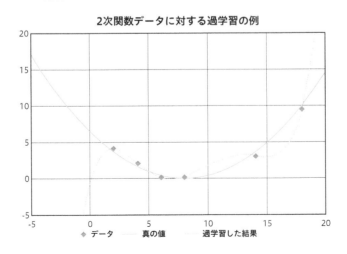

この例では、2次関数にノイズが乗ったデータを多項式回帰で学習させています。原理上データ点より多くの説明変数があれば誤差を0にすることが可能です。オレンジの点線が過学習により得られた回帰曲線ですが、学習データにおいては確かに誤差が0になっており、それだけを聞くとよいモデルになっているように思えます。しかし、真値の2次関数とはまったく違う回帰曲線になっており、学習データ以外のデータ点ではまったく使いものにならない予測結果しか出ません。その評価をするため、学習に使うデータ（機械学習モデルのパラメーター更新に使うデータ）と評価に使うデータを分けなくてはなりません。データの分け方は何種類かありますが、8.1節で紹介する**交差検証**と、「**学習データ**（train data）・**検証データ**（validation data）・**評価データ**（test data）」の3つにデータを分割する方法がよく使われます[※6]。ここでは後者の3つの分割方法を使って説明していきます（**図6-6**）。

●図6-6　データの分割。元データを重複しないように3つに分割している

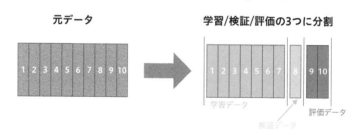

分割データ名	主な用途
学習データ	モデルの重みなどパラメーターを更新するときに使われるデータ
検証データ	過学習を検知するためのデータ。このデータの評価スコアを確認しながら学習し、早期終了などで過学習を抑制する
評価データ	モデルの性能を確認するための疑似的な未知データ

図6-6からわかるように、モデルが直接見えるデータは学習データのみです。検証データは、過学習防止手法である**早期終了**（early stopping）によく使われます。早期終了では、検証データの損失などを逐一確認することで過学習を検知し、検証データの損失が悪化する、つ

※6　以前は学習データと評価データの2分割が多かったですが、最近は、学習データ、検証データ、評価データの3分割が実践でよく使われる印象があります。

まり過学習が始まる前にモデルの学習を停止します。その停止を介して、モデルは間接的に検証データに触れることができます。評価データはモデルからは見えないので、疑似的な未知データになっています。「疑似的」と書いたのは、学習データと検証データのスコアだけでなく、事実上この評価データのスコアも見ながらモデルやデータ処理の調整を行うことが多いからです。そのため検証データよりは多少ましですが、評価データのスコアを使って調整を行う回数が多くなるほど、評価データにも過学習してしまうリスクは高くなります。

　またデータを適切に分割しないと、過学習により実運用で使いものにならないモデルができ上がってしまうのですが、それに関しては8.1.1節で詳しく見ていきます。

6.1.4　機械学習を使って、学習/改善を行う

　データの処理が終わったら、実際にモデルを学習させてみましょう。データの形式はテーブルデータといわれる表形式のデータで、問題としては教師あり学習の回帰問題に属するタスクです。線形回帰、ランダムフォレスト、GBDT、深層学習などいろいろな手法が適用できますが、どの手法が最適かはデータやタスクの内容によるので、特に開発の初期段階ではいろいろ試してみることをおすすめします。機械学習手法の選択に関しては、6.5.2節でもう少し詳しく解説します。

　ここからは「学習→解析→改善→学習→…」のループを回していってモデルを改善していきます（**図6-7**）。ここで改良するのはモデルだけではなく、データも改善することに注意してください。モデルを補助できるような新たな特徴量を作ったり、新たにデータを外部から取得することも改善手段の1つとして考えられます。

● 図6-7　機械学習モデルを改善していく手順の概念図。学習→解析→改善のループを何度も繰り返す

また、モデルの改善精度だけに目がいきがちですが、「何を予測できていて、何を予測できていないのか」を見ることも大切です。これを見ることによって、モデルが解釈できている部分・できていない部分を知ることができ、新たな改善につながります。たとえば、コンビニの売上を予測するモデルを学習させたとき、平日の予測はよく当たっているが土日の予測がうまくいっていないということがわかれば、曜日を示す特徴量を明示的に入れる改善施策が検討できます。9章で詳述する可視化手法を使うこともよい考えです。モデルが重視している特徴量をもっと詳述したり、ノイズになっていそうなものを削除したりもできます。

6.1.5　機械学習を実務に組み込む

モデルの学習、改善が完了すれば、実際にモデルをアプリケーションに落とし込むなどして、実務に組み込んでいきます。本書では詳述しませんが、アプリケーションを使いやすい形で作成するためにはまた別のスキルが必要となり、データ基盤やソフトウェアに詳しい人の協力を仰ぐ必要があります。要求される計算量やトラフィックによっても設計が異なってきますので、6.1.2節の機械学習に解かせる問題設定が決まった時点で、専門家に一度相談しておくことをおすすめします。

6.2

機械学習活用プロジェクトで
うまく問題設定する

本節の
主な対象読者

ML初学者
（読み飛ばし可）✓

ML履修者 ✓

少し難易度が高いためMLを
知っている人向けだが、概要
だけでもML初学者に知って
おいてほしいもの

　ここでは、6.1.2節で触れた機械学習に解かせる問題設定についてもう
少し詳しく見ていきます。まず、6.2.1節では機械学習が活躍できる問題
設定・活躍しにくい問題設定について説明します。6.2.2節では精度
100%を目指すべきではない理由を説明します。6.2.3節では巨大プロジェ
クトを立ち上げるのではなく小さく始めることが重要だということを説
明します。

▌ 6.2.1　機械学習に向いている問題設定

　近年AI（機械学習）がメディアによって大々的に取り上げられ、何で
もできる魔法の道具のように感じている人がいるかもしれませんが、あ
くまで機械学習というのは技術的な道具の1つです。深層学習の登場に
よって活用の幅が広がったのは事実ですが、不得意なことも存在します。
本節では、解きやすい問題設定・解きにくい問題設定の2つを例示しな
がら、機械学習で解きやすい問題設定を作るにはどうすればよいかを説
明します。

A) 機械学習で解きやすい問題設定

　（教師あり）機械学習で解きやすい問題設定には、以下のようなもの
があります。

　① 入力データの情報のみで出力が決まる

② （教師あり学習の）正解データの判断基準が統一されている
③ 研究実績や利活用実績が多数存在する

①入力データの情報のみで出力が決まる

　これは、（教師あり）機械学習が入力と出力の関係性を近似する関数を推定する作業であることに起因しています。入力と出力の関係性をうまく近似するためには、入力した情報のみで出力値が決定されなくてはなりません。ノイズや入力データ以外の影響が小さいならば許容できる可能性はありますが、入力した情報以外で出力値が大きく変化するならば、その入力値で対応する出力値を近似することはそもそも無理です。たとえば、**図6-8**のようにx_1からyを予測するというモデルを作るとします。図6-8左では入力データ（x_1）のみの情報で出力値yの値が決定されますが、図6-8右ではx_2の項の影響が大きいため、yを予測できなくなっています。x_2の影響が小さい場合はノイズと見なせば学習は可能ですが、影響が大きな場合はx_1の情報だけで適切にyを予測することは不可能です。もう少し利活用に則した例でいうと、音と視覚の情報で工作機械の異常を検知する人間の仕事を機械学習にやらせようとするとき、音情報のみで異常を検知しようとするのは筋が悪いです。音情報に必要な情報すべてが含まれている可能性もなくはないですが、人間が音と視覚（映像）から異常を判断しているのであれば、モデルにも同じ情報を与えてやるべきです。問題設定を決める際には、入力データにしようとしているデータだけで出力値が決まるのかをよく考えた方がよいでしょう。

● 図6-8　（左）入出力の関係を学ぶための情報がデータにすべて含まれている例。（右）入出力の
　　　　　関係を学ぶための情報がデータに不足している例。この状態で機械学習を使っても、
　　　　　入出力の関係性が定まらないため、うまく学習できない

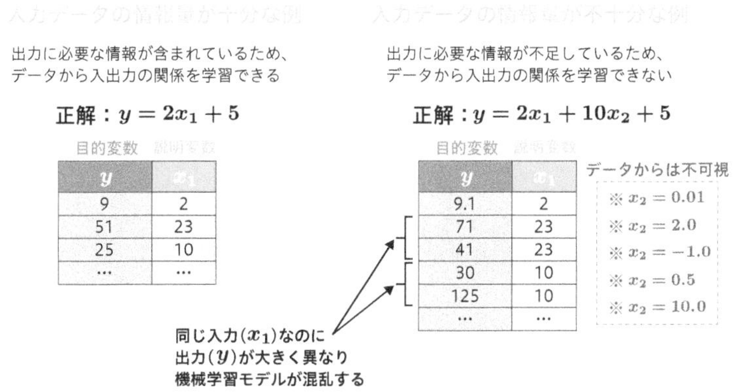

入力データの情報量が十分な例

出力に必要な情報が含まれているため、
データから入出力の関係を学習できる

正解 : $y = 2x_1 + 5$

目的変数　説明変数

y	x_1
9	2
51	23
25	10
...	...

入力データの情報量がやや不十分な例

出力に必要な情報が不足しているため、
データから入出力の関係を学習できない

正解 : $y = 2x_1 + 10x_2 + 5$

目的変数　説明変数

y	x_1
9.1	2
71	23
41	23
30	10
125	10
...	...

データからは不可視

※ $x_2 = 0.01$
※ $x_2 = 2.0$
※ $x_2 = -1.0$
※ $x_2 = 0.5$
※ $x_2 = 10.0$

同じ入力（x_1）なのに
出力（y）が大きく異なり
機械学習モデルが混乱する

②正解データの判断基準が統一されている

　これも、（教師あり）機械学習が入力と出力の関係性を近似する関数
を推定する作業であることに起因しています。さきほどの①「入力デー
タの情報のみで出力が決まる」ともかかわりますが、同じ入力データに
対して出力がぶれると、適切に関数を学習できません。**図6-9**にあるよ
うに判断基準が統一できていないと同じ入力でも出力がぶれてしまいま
す。このような判断基準がずれている状態で機械学習を使っても入出力
の関係性が定まらないためうまく学習ができません。もう少し利活用に
則した例でいうと、専門家でも見解の分かれてくるようなデータがこれ
に該当します。この場合も同じデータを見ても違うラベル付けがされて
しまうので、入出力の関係性が定まりません。このような問題を解かせ
るときには、なるべく数値化やラベル付けのブレが小さくなるように判
断基準などを統一すべきです。

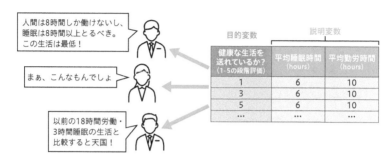

③研究実績や利活用実績が多数存在する

　先人の実績があるものは、その結果を参考にすることができるため、開発に有利です。たとえば、画像の分類タスクはImageNet, CIFAR-10などのデータセットで検証した研究がたくさんありますし、人間と簡単な会話をするチャットボットを作るタスクは研究の実績だけではなく、巨大掲示板に1週間潜伏させても誰も気づかなかったモデルの例 [12] などの利活用実績があります。このような実績をみると、画像分類やチャットボットは技術的には可能そうだということがわかります。しかし「技術的に可能」そうであるからといって「現実的にも可能」であるとは限りません。画像分類は比較的小さなデータセットであるCIFAR-10でも数万の画像とラベルのペアデータを必要としますし、チャットボットのモデル [13] は1750億のパラメーターを有するモデルを570GBの文書データで学習させる必要があります。これらの研究結果をそのまま使わないにしろ、データを集めるコストの問題やモデルが巨大すぎるという問題に直面します。しかし多くの研究実績がある分野ですと「技術的に可能」を「現実的に可能」にまでもってくるための研究が多数あります。たとえば、データ数が少ないという問題に対しては、8.2節で紹介するデータ拡張 [14] [15] [16] を使ったり、損失関数を工夫することでデータ効率を上げるという研究 [17] の結果を使ったり[※7]すれば、ある程度補完でき

※7　この研究でGPT-3 [13] を比較対象に挙げていますが、チャットに関する研究ではありません。

ます。また、モデルサイズの問題は8.6.4節で紹介する方法で、ある程度解決することが可能です。このように、多くの実績がある分野の問題設定に落とし込むことができれば、先人たちの知恵を多く活用できるため研究開発が非常にやりやすくなります。

B) 機械学習で解きにくい問題設定

　一方、機械学習で解きにくい問題設定は、以下のようなものがあります。ここで挙げる問題設定を機械学習で解くことは不可能でない場合もありますが、特殊なモデルや工夫が必要になります。

　　i.　学習させたい対象の判定に入力データ以外の知識が必要
　　ii.　学習させたい対象の判定基準が曖昧
　　iii.　学習させるデータにノイズが多数含まれている
　　iv.　学習させたデータと異なる性質のデータで活用する
　　v.　データが少ない
　　vi.　データから「何か示唆を出す」というタスク

　(i)「学習させたい対象の判定に入力データ以外の知識が必要」は機械学習で解きやすい問題設定①「入力データの情報のみで出力が決まる」の逆の状況です。たとえば、視覚と音声で異常を判定するタスクを、画像のみを使った異常検知問題に落とし込んでも精度はあまり出ません。

　(ii)「学習させたい対象の判定基準などが曖昧」(iii)「学習させるデータにノイズが多数含まれている」の2つは、機械学習で解きやすい問題設定②「正解データの判断基準が統一されている」の逆の状況です。たとえば、図6-9のアンケートデータは(ii)の状況に該当しますし、ラベル付けのミスや入力データ以外の外因の影響が大きい場合は(iii)の状況に該当します。

　次に(iv)「学習させたデータと異なる性質のデータで活用する」は、2.3.2節で説明した学習した母集団と活用先の母集団が異なるという状況に相当します。もちろんまったく無理というわけではなく、8.6.2節で説明する対処方法や**ドメイン適応**（domain adaptation）などの手法で対応することは可能です。しかし、そのような学習した分布と実運用時の分布が

異なるデータに適用するための機械学習手法を使用しなければなりません。

次に(v)「データが少ない」をみていきます。機械学習とは、入力データと予測したい対象の関係性を、大量のデータを使って推測していく作業ですので、基本的に多くのデータが必要です。もちろんデータが少なくても使える機械学習手法を使ったり、転移学習やデータ拡張を活用したりするなどで対応することは可能ですが、使える手段が限定されてしまいます。また、データが少ないということは、実運用に移行できるかを判定するためのデータも少ないということなので、正確な判断ができないこともあります。本書では必要なデータ量の目安については6.5.1節、データが少ないときの対処法については8.4節で詳しくみていきますが、データは基本的に多いに越したことはありません。

視点を少し変えると、この場合は機械学習が最良の問題解決手段とは限りません。データが少ない場合は機械学習ではない手段、つまりルールベースの手段などを検討する方がよいかもしれません。これについては6.9節でみていきます。

最後に(vi)「データから何か示唆を出すというタスク」について考えてみましょう。このようなタスクは明確な目的がないため、何らかの目的に対して最適化を行っていく機械学習には向いていません。今まで見てきたように、教師あり学習とは何らかの目標値と入力の関係性を近似する手段です。教師なし学習に関しても、クラスタリングは似ているもの同士で分けたいという目的があったり、表現学習も後続の教師あり学習で有用な表現を得るための手段であったりします [18]。このように機械学習はある明確な目的を達成するために使われるため、解析の目的が不明瞭なタスクには基本的に向いていません。このようなタスクでは、特徴量同士の相関関係を観察したり、ヒストグラムなどで分布を可視化して眺めたりなどの作業で根気よく分析を行っていく必要があります。すべての特徴量を可視化するのは時に膨大な作業となるため、効率よく分析を行うためにはそのデータを普段扱っている人（ドメイン知識がある人）に任せて仮説を立てながら分析してもらうのがよいでしょう。

6.2.2　機械学習だけで100％の精度を目指さず、人と協業させる

　ここでは精度が100％の機械学習モデルを作ることが不可能であることと、それを補うために人間と協業させることで目的を達成できることを説明します。

　今のところ産業界での機械学習モデルの使われ方としては、人がやっている作業を機械学習モデルに代わりにやってもらうことで、自動化や省人化を進めることが多いように思います。そのモデルを開発するときに一番理想なのは、精度100％のモデルが開発できることです。しかし、それはほぼ不可能です。そこまで現状の機械学習手法が最強ではないというのもありますが、そもそもデータには計測誤差があったり、入力データにはない外因で正解値が変化したりするため、原理的に精度100％は無理な場合もあります。また、人による正解ラベル付けに曖昧性や人依存のばらつき、ミスなどがあるため、正解データ自身も100％は信頼できないという側面もあります。もし何の苦労もなく精度99％以上の機械学習モデルが作れたとしたら、8.1節で述べるような**評価情報漏洩**（data leakage：評価データの情報が学習データに漏れていること）を疑うべきです。

　では、どの程度の精度ならば目指せるでしょうか。例として、130万のラベル付き画像データセットで1000値分類を行うImageNetにおける画像分類タスクの精度の改善の歴史を見てみましょう（**図6-10**）。

2021年5月現在までのImageNet画像分類タスクの改善の歴史。10年以上の改善を重ねても精度は90%程度にとどまる。グラフはPapers With Codeの "Image Classification on ImageNet" [19] より引用

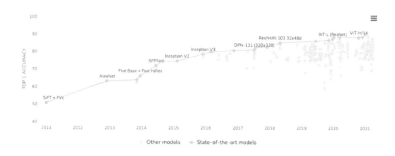

図6-10では2011年から始まっていますが、そこから10年経過した2021年5月現在で最高精度は、Meta Pseudo Labels [8] という手法を用いた90.2%という結果[※8]です。この画像分類タスクは非常に人気の高いタスクで、10年以上にわたり何万もの専門家が改善に改善を重ねた結果が90.2%です。この事実からわかるように、精度90%以上を目指すというのは非常に大変なことです。よって、機械学習のタスクの設計として、精度90%以上のモデルを学習させて人間の完全代替を目指すことは難易度が高く、達成可能性も高くありません。他のデータセットの例を6.5.1節に掲載していますが、精度が90%を超えているものばかりではないことがわかると思います。MNISTやCIFAR-10などタスク自体が簡単で、特徴量数が少ないデータセットでは精度がほぼ100%のものもありますが、おそらく企業が取り組む現実世界のタスクでそのような簡単なタスクは多くないはずです。「精度は最高でも90%くらいだろう」という前提で運用方法を考えておく方がよいでしょう。

それでは、精度が90%しかないのであれば、機械学習は実務では役に立たないのでしょうか。もちろんそういうわけではありません。機械学習は精度が高くなくても人間と協業することでおおいに役立ちます。たとえば「機械学習モデルで推奨値算出やスクリーニングを行い、人間が最終判断を行う」という人間との協業による活用方法があります。こ

※8　最終層の最大確率のラベルが正解ラベルかどうかを測るTop-1 Accuracyにおける結果です。大きい順に上から5つの予測ラベルの中に正解ラベルが含まれているかを測るTop-5 Accuracyの最高精度は98.8%です。

の人間と機械学習の協業による活用は医療分野において盛んです。医療分野では予測の間違いが命にかかわることがあり、判断の正確性が求められます。熟練医がすべての患者を診断できるのが理想ですが、人的資源は限られています。たとえば、機械学習モデルに患者の重症化リスクを判定させることで、熟練医がよりリスクの高い患者の診察に時間を使えるようにする仕組みを作り、熟練医をリスクの高い患者に集中させることができます。工場などの画像検査においても同じようなことができ、精度がそこまで高いモデルを用いなくてもスクリーニングを行うことで検査に使う人的資源を節約することが可能です。さらに9章で紹介する可視化手法を用いれば、疑わしい部分をすぐに見つけることができ、1つの検査にかかるコスト自体も削減が可能かもしれません。

このように機械学習の精度が十分に高くないために人間を機械学習に代替できない場合でも、人間と機械学習が部分的に協業することで、機械学習を実務に効果的に組み込むことが可能となり、結果的に作業にかかるコスト削減、ひいては企業の業績向上につながります。

また、あえて簡単なタスクのみを選別して機械学習に任せるということもできます。ある記事 [20] では、弁護士の仕事の中で比較的簡単な仕事である秘密保持契約（NDA）をチェックするタスクにおいて、機械学習モデルが優秀な弁護士に勝るほどの精度に到達したと述べられています。このように、簡単なタスクを機械学習モデルに任せることにより、人間は複雑なタスクに注力できるようになります。

6.2.3 スモールスタート

ここでは、機械学習を使うプロジェクトを実施する際は、まずは小さく始めてみることが有利であることを説明します。組織内での立ち回りや、リスク検証の意味で小さく始めて、コツコツ結果を出していくことで、徐々に周囲を説得していくことができます。

機械学習ではいろいろなデータを扱うことができます。すでに見てきたように入力データが出力データを算出するための根拠をすべてカバーできていることが理想です。そうすると、一見さまざまなタイプの入力データを大量に集め、それを処理できる大規模なモデルを最初から組め

ばよいように思えます。しかし、機械学習モデルの開発は時間とお金を
かけるプロジェクトであるという観点から、この方法はあまりよいもの
ではありません。

　企業や組織で何かプロジェクトを実施しようとすると、機械学習を使
う/使わないにかかわらずお金と時間がかかり、必然的に長期間で大金
をかけて行うプロジェクトほど失敗したときのリスクは高くなります。
リスクの観点で機械学習を使ったプロジェクトを見てみると、モデル開
発ではほしい成果（主に精度）が得られるかはやってみるまでわからな
いので、比較的リスクの高いプロジェクトです。最初から大規模な機械
学習モデルを扱うプロジェクトを実施し、もし失敗してしまうと大惨事
になってしまいます。

　そのため、この業界では、2〜3ヶ月の短い期間のプロジェクトを組み、
リスクを見積もることが多いです。このプロジェクトの形態を**概念実証**
（**PoC**：Proof of Concept）と呼び、短いプロジェクトを回していきなが
ら所望の成果が得られそうなら開発を続行し、そうでないならば開発を
中止するというようにリスクを見積もりながら進めていきます。**図
6-11**で、最初から全施策を打った大規模モデルを開発するプロジェク
トと、小刻みに施策の検証を繰り返す手法の比較を行っています。

● 図6-11 小刻みに検証を繰り返す手法と大規模なモデルを一挙に構築する方法の比較。前者は
PoC 1 の時点で性能の上限がある程度見積もれ、各施策の効果の有無を検証できる。
後者は検証工程がないので構築自体は少し速いが、性能の判明が遅く、どの施策で効
果があったのかを検証しにくい

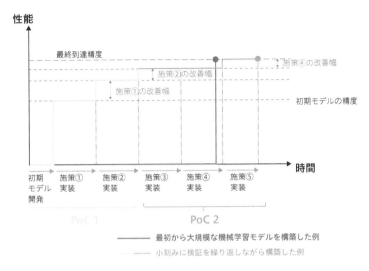

この概念実証の形態で機械学習プロジェクトを実施すると、以下のような利点があります。

① プロジェクトが失敗したときの損害を抑えながら開発ができる
② 最終的な成果（精度など）の到達域が早めに見えるので、落とし所を考えながら柔軟な開発が可能
③ 失敗したとしても今後につながる知見が得やすい
④ 小刻みに結果が出てくるため周囲を説得しやすい
⑤ デバッグ（プログラムのバグ修正）がしやすい

まず①の失敗リスクに関する部分は前述したとおりです。図6-11の例でいうと、小刻みに検証を繰り返す手法では、PoC 1で有力な施策を打っても性能がまったく改善しなかったり、所望の性能に到達する可能性が著しく低かったりする場合はPoC 1で開発を中止します。一方大規模モデルを構築する方ではすべての施策を実施しないと到達性能が見えません。

②の最終的な精度の到達域が見えるというのは、有効そうな改善施策から実施していくことで、目標精度に到達できるかがプロジェクト中期くらいに見えてくるということに起因しています。概念実証は比較的に短い期間で開発が行われるため、仮説を立てて有効そうな施策から順に実施していきます。そのため、有効そうな改善策がある程度打ち終わった後には、「改善したとしても最大でこの程度だろう」という肌感覚が掴めます。図6-11の例だと、PoC 1で性能の限界についてある程度見積もることができています。仮に最初は超高精度モデルで完全自動化を狙っていたとしても、6.2.2節のように人間と協業させる運用方法もプロジェクトの途中で模索することができます。一方、最初から大規模モデルを開発してしまうと、その開発が終わるまで最終到達の精度が見えてきません。

次に③「失敗したとしても今後につながる知見が得やすい」という部分ですが、これは改善のループを回す過程で知見が得られていくことに起因しています。小さなベースラインモデルから改善を行う手法では、「改善策立案→改善案の実行→分析→再改善策立案」のPDCAループを回していくことでモデルを改善していきます。それぞれの改善施策で効果があったかを逐一確認するため、どの要素がモデルの精度向上に効いたかの知見がたまっていきます。たとえ効果がなかったにせよ、その原因を追究することでそのタスクに対する知見をさらに深掘りでき、それが新たな改善施策につながっていきます。このようにタスクやデータに対する知見がたまっていくため、失敗したとしても同じようなプロジェクトを再び立ち上げるときに、これらの知見は役に立つはずです。図6-11の例でいうと、①〜⑤の改善施策のうち①②④で効果があり、③⑤は効果がなかったことがわかります。これは今後の開発に役立ちます。一方大規模モデルをいきなり構築すると、どの施策で効果があったのかが見えません。

つづいて④「小刻みに結果が出てくるため周囲を説得しやすい」という部分です。機械学習が比較的新しい技術なので、どういった技術なのかを理解していない方も多く、実際に結果が出るまでは技術自体を疑われがちです。小さなモデルで始める概念実証では、ベースラインとなるモデルの結果は比較的早く出ます。さらに逐一分析や改善施策の提案を

行うため、プロジェクトが前に進んでいる印象を周囲に与えやすいですし、モデルの性能検証を実際に目の前で進めることにより、機械学習技術に対する実感が湧き、説得力も増します。一方、大規模モデルを最初から立ち上げる方法では前処理やモデルの構築など準備に非常に時間がかかるため、結果が出るまでにプロジェクトが打ち切られる可能性もあります。

　最後に⑤「デバッグがしやすい」ですが、これは単に小さなモジュールをテストしながら構築していくので、比較的デバッグが楽ということです。機械学習モデルは、たとえ意図どおりの実装になっていなくとも、損失関数の形式などのルールが守られていればプログラムは動いて「学習」をしてしまいます。小さなモジュールで逐一テストする形式ですと、実験が改善施策の実装のテストになっているので、大幅に精度が下落するなどの現象が起こればバグを検知できます。また、改善施策で変化が起こるべき部分を、出力して確認したり、Tensorboardのような可視化ツールで1つ1つ確認することにより実装が正しいかの確認も可能です。一方、いきなり大規模モデルを作ってしまうと、いくつもの改善施策を同時並行で実験することになるため、その可視化手法でも見にくくなり、バグの発見も困難になります。

6.3
ドメイン知識をモデルに組み込む

本節の 主な対象読者	ML初学者 （読み飛ばし可）✓	ML履修者 ✓	少し難易度が高いためMLを 知っている人向けだが、概要 だけでもML初学者に知って おいてほしいもの

　ここでは、モデルがタスクを解きやすくなるように、そのタスクに有効そうな知識、すなわち**ドメイン知識**を付与してやることでモデルの性能を向上できることを説明します。

　タスクやデータに関する知識をドメイン知識と呼びますが、人間がそのタスクを解くときはドメイン知識を使っています。たとえば、ある企業の将来株価を予測するタスクをこなすときには、その企業に付随する膨大な情報の中からEPS、ROEなどの指標を優先的に調べます。これが「ドメイン知識の活用」です。そして人間がそのタスクにとって有用だと思う情報は、機械学習モデルを学習させるときにも有用なはずです。ここでは、機械学習モデルにどうやって「ドメイン知識の活用」をさせるかを説明します。

　まず、6.1節の例題のようなテーブルデータ系のタスクについて説明します。テーブルデータでは、画像や自然言語系のタスクと異なり明確な特徴量が存在します。その特徴量の中にドメイン知識から得られた有用な情報を組み込むことによって、モデルに「ドメイン知識の活用」をさせることができます。6.1.3節では、現場の人たちが週次の売上変化をもとに発注数を予測しているという現実から、日ごとの売上データからわざわざ週ごとの売上を示す特徴量を作りました。これが「ドメイン知識の活用」です。このように、人間が有用だと思っている情報を明示的に特徴量に組み込んでやることで、モデルがタスクを解きやすくなります。

　画像系のタスクでも同じようなことができます。ビデオから何をして

いるかを予測する**行動認識**（action recognition）^{※9}というタスクにおいて、オプティカルフローと呼ばれる物体の動きの情報を明示的に入れることで認識精度を向上させる研究 [21]があります（**図6-12**）。これは、行動を認識するときに画像だけでなく動きの情報を付与してやることで行動が検知しやすくなるという直感的な解釈に基づいた「ドメイン知識の活用」です。

　データだけでなくモデル側にドメイン知識を組み込むことも可能です。たとえば、行動認識では行動に携わる部位は激しく変化（投球動作の腕部分など）し、それ以外の部分はあまり変化しない（服の色など）と考えられます。そこで2つの深層学習ネットワークを用意し、片方はフレーム間隔を狭くして多くのフレームを用いて変化の激しい部分（行動に関連する部位）の情報を取得します。もう一方は使用するフレーム間隔を広くし変化が緩やかな部分（動作にかかわらない部分）の情報を取得するようにします（**図6-13**）。このように2つのネットワークに明示的に役割をもたせることで、取得すべき情報をより明確にできます [22]。

　また、画像は物体の外形を表す低周波成分と、物体のテクスチャを表す高周波成分に分けることができます（**図6-14**）。そこで別々に処理することでより明確に画像から情報が取得しやすくなるのではないかという仮説が立てられます。この画像に対するドメイン知識をもとに、畳み込みネットワークのフィルターを工夫して低周波成分と高周波成分を明示的に分けて取得できる戦略をとり、画像認識精度を向上できたという研究 [23]もあります。

6

第6章　機械学習を現場で活用するには

※9　行動検知ともいいます。

●図6-12　オプティカルフローの情報を用いた行動認識モデル（深層学習）。2つのネットワークをもっており、上側ではRGB画像の情報を処理し、下側でオプティカルフローの情報を処理している。画像は［21］より引用

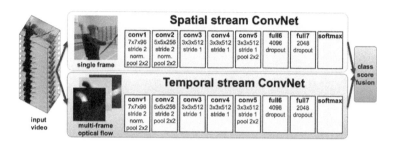

●図6-13　動画処理タスクにおいて、速く動く部分を処理するネットワーク（下）とあまり変化がない部分を処理するネットワーク（上）を明確に分離することでドメイン知識を組み込んだモデル［22］

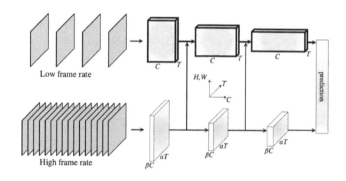

●図6-14　画像の周波数成分の概念。元の画像（左）は低周波成分（中）と高周波成分（右）で構成されている。これを明確に分離して扱った研究もある［23］

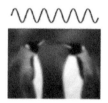

104

6.4

ウェブから利用可能な資源を活用する

| 本節の
主な対象読者 | ML初学者
（読み飛ばし可） | ML熟練者 | 少し難易度が高いためMLを
知っている人向けだが、概要
だけでもML初学者に知って
おいてほしいもの |

本節では、インターネット上から利用可能な資源をフル活用することで、手元に巨大なデータセットがなくても高性能なモデルが作れることを説明します。

6.4.1　既存の学習済みモデルを活用する

ここでは、インターネット上から利用できる既存の**学習済みモデル**を利用することで、精度のよいモデルができることを説明します。最初に、なぜ学習済みモデルを利用すべきかを説明し、次にどうやって学習済みモデルを探せばよいのかを説明します。

なぜ学習済みモデルを使うのか

実際に機械学習モデルを学習させてみようとデータを集めてみると、結果的にあまりデータが集まらなかった、という事例がよくあります。よく使われるデータセット以上のデータ数を集められれば理想的ですが、そこまで数を集められる場合は稀です。特に深層学習系はデータ数が少ないと精度が出ないことが多く、そのような場合は巨大なデータセットで学習させたモデルを使って転移学習させることが主な戦略になります。**転移学習**をさせれば、少ないデータでもある程度モデルを精度よく学習させることができます。たとえばCIFAR-10データセットは6万の画像があるデータセットですが、転移学習を用いることにより、各カテゴリ100程度（合計1000のデータセット、オリジナルの1.7%）で6万データセッ

トすべてを使って学習させた結果と同程度の性能を出すことができます（**図6-15**）。この転移学習モデルは巨大データセット・巨大モデルで事前学習させたもので、2021年5月現在ではウェブ上で学習済みモデルが公開されていないので、気軽に利用できるモデルではありません。しかし、深層学習フレームワークで公開されているImageNet（ILSVRC-2012）で事前学習したモデルでも87%程度の精度が出ており、それなりに高い精度になっています。転移学習については、8.4.1節で詳しくみていきます。

● **図6-15**　（図3-20の再掲）転移学習の効果。事前学習したモデルを、各カテゴリ1〜100個のみのデータで微調整を行ったときの精度を示している。縦軸は精度、横軸は使用データ数を表す。左の折れ線グラフをみると、転移学習により少ないデータでよい精度をもつモデルを学習できていることがわかる。図は[5]より引用し、著者が注釈をつけた

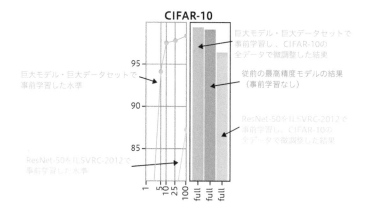

学習済みモデルの探し方

　学習済みモデルは比較的簡単に見つけることができます。たとえば人気のある深層学習系のフレームワークであるPyTorch, TensorFlow, Kerasなどでは画像分類系の学習済みモデルが用意されています。物体検知（object detection）や意味的領域分割（semantic segmentation）では、**MMDetection** [24]というフレームワークを使えば、学習済みモデルを使った転移学習が簡単に実装できます。自然言語処理系では、**Hugging Face** [25]で学習済みモデルを利用できます。使いたい技術の

学習済みモデルが既存のライブラリやフレームワークになかったとしても、論文の著者がGitHubレポジトリにアップロードしている場合がありますので、論文中にその記載がないかチェックすることも重要です。

6.4.2　ウェブから利用できるデータセットを活用する

　ここでは、学習済みモデルが利用できない場合に、既存のデータセットを使って事前学習することで、転移学習を可能にさせることを説明し、データセットの探し方を説明します。

　前節では、既存の学習済みモデルを利用して転移学習することで、小さなデータセットしかなくてもそこそこの性能をもつモデルを学習できることを説明しました。しかし、時には学習済みモデルが利用できない場合があります。たとえば、自分でドメイン知識を活用したカスタムモデルを利用しようとする場合などです。その場合は、ウェブで公開されているデータセットを使うことを検討してみましょう。世の中にはいろいろなデータセットが公開されており、商用利用可能なものも多くあるので、それを利用することで学習済みモデルを作ることができます。以下、データセットの探し方を説明します。

ベンチマーク比較のデータセットから探す

　まず簡単なのは、実装しようと思っている手法を提案している論文から探す方法です。一般的に手法提案系の論文では、提案手法の有効性を示すために、6.7.3節で紹介するように、Results（結果）でデータセットを使った性能比較検証が行われています。そこでは、提案している技術に関連するデータセットで実験を行っているはずなので、そこを見れば、どのようなデータセットがあるのかを確認できます。たとえば物体検知のデータセットを探したければ、物体検知手法を提案している論文を探すことで、物体検知用のデータセットにたどり着けるはずです。また、**Papers With Code** [26]では、タスク別、データセット別にスコアがまとめられていますので、それを確認してもデータセットを見つけること

ができます（6.6節で詳述）。

arXivから探す

データセットを作ること自体も業界への大きな貢献なので、それだけで論文になります。そのため、機械学習論文がよく投稿されているarXiv[※10]上で検索をかけることでも、データセットを見つけることができます。

Google Dataset Searchを利用する

Googleが提供しているデータセットの検索サービス[※11]を利用することもできます。最終更新日や、商用目的に利用可能かを指定して、検索することも可能です。

■ 6.4.3　ライセンスの利用可能範囲を確認する

上記で紹介したデータセットや学習済みモデルは、研究目的など学術的な用途には利用可能なことが多いです。ただし、商用利用となると少し話が違ってきます。たとえば、画像分類でよく使われるデータセットであるImageNetは、学術用途では利用可能ですが、商用利用は不可になっています。活用する際には、ライセンスや利用規約のチェックが必要です。ウェブページ上で公開されているものは利用規約を読めばよいのですが、GitHubレポジトリ上で公開されている学習済みモデルなどはライセンスファイルを確認することで、商用利用可能かをチェックできます。ライセンスファイルは、GitHubレポジトリの一番上のディレクトリに配置されている、LICENSEというファイルです。これを見ることで、商用利用ができるかどうかを確認できます。例として、Googleが提供している深層学習ライブラリである、TensorFlowのGitHubレポジトリを確認してみましょう（**図6-16**）。図の左下にLICENSEというファイルがあります。これを開くと、右図のようにApache License 2.0と書か

※10　https://arxiv.org/

※11　https://datasetsearch.research.google.com/

れています。中央のPermissionsのCommercial useにチェックマーク
が入っていることからもわかるように、これは商用利用が可能なレポジ
トリで、企業が製品の中にTensorFlowを組み込んでも問題ありません。
商用利用可能なライセンスにはいくつか種類がありますが、代表的なも
のがこのApache License 2.0とMIT Licenseです。同じ商用利用可能な
ライセンスであるBSDライセンスは、著作権表示が必要な場合があり、
使用するときに注意が必要です。レポジトリやデータセットを使う場合
は、まず法務などの部署に確認することをおすすめします。

● **図6-16**　TensorFlowのGitHubレポジトリ[※12]にあるライセンスファイル

6.4.4　既存のサービスを活用する

　上記で紹介したデータセットや学習済みモデルは自前で学習させたり
環境構築したりすることを前提としていますが、そのようなことをしな
くても使えるサービスがあります。たとえば、Google Cloud Platform
では、すぐに使える機械学習モデルをAPIで提供しており、OCR、翻訳、

※**12**　https://github.com/tensorflow/tensorflow

画像分類、発話のテキスト変換、テーブルデータの AutoML、推薦など幅広い分野の機械学習サービスが提供されています。Google が提供していることもあり、性能は高いですし、無料で性能を試すこともできます。ただし、使った分だけ料金はかかるので、サービスの利用料金とモデルを学習させるコストの兼ね合いになるでしょう。

6.5

機械学習手法の選択や
データの質・量

| 本節の
主な対象読者 | ML初学者
（読み飛ばし可） | ML経験者 | 少し難易度が高いためMLを
知っている人向けだが、概要
だけでもML初学者に知って
おいてほしいもの |

本節では、学習に必要なデータ量や機械学習手法の選択についてみていきます。まず6.5.1節でさまざまなタスクに必要なデータ量やデータセットの品質など、データについてみていきます。6.5.2節ではデータの種類と最適な機械学習手法の選択についての参考資料を示します。

6.5.1 データの質・量

ここでは、データについてもう少し詳しくみていきます。まずデータ数については、2021年5月現在で使われているデータセットの例を示し、機械学習では大規模なデータ数が必要であることを示します。最後に数だけでなく、データの質も大切であることを示します。

まず数、つまり学習データ数に関してですが、どの機械学習手法でも基本的に多くて困ることはありません。もちろんデータの質に気をつける必要はありますが、高品質なデータを増やせるならば増やしておくべきです。特に深層学習ではその傾向は顕著で、2021年5月現在で、自然言語処理の代表的なモデルである **GPT-3** は570GBの文書データで学習させており [13]、画像分類タスクで高精度な結果を出している **Vision Transformer** [27]は **JFT-300M** [28]という3億もの画像を含むデータセットで学習させています。

最低限どの程度のデータが必要か、という問いに関しては問題設定によって必要なデータ数が変わるのではっきりとした指標はありません。しかし、機械学習の評価によく使われるデータセットのデータ数をみて

いれば、おおよその参考値になります。**表6-2**はよく使われるデータセットと、そのタスクや2021年4月5日時点の最高精度を記載したものです。2021年4月5日現在、ベンチマークデータセットとして使われているものが大半で、比較的難しめのデータセットです。また、直感的に評価指標（性能の指標）がわかりやすいものを掲載しており、評価指標の最大値は100%もしくは1.00です。さまざまなタスクやデータセットがありますが、どれも数万から数十万程度のデータ数を揃えたデータセットが多いことがわかります。これは学術界などが大きなコストをかけて集めたものなので、1企業の1プロジェクトで毎回これだけのデータを集めることは困難かもしれませんが、理想的にはこの程度の数が必要だという指標になります。

　次節でみるようにテーブルデータのタスクではGBDT系を使うことも多いですが、GBDT系では深層学習ほどデータ数は必要ない印象があり、Kaggleのタイタニックチュートリアルのように1000データ程度である程度は学習できる場合もあります。タスクによりますが、表6-2のテーブルデータの例のように20万ものデータは必要ないかもしれません。

● **表6-2**　データセットのデータ数と最高精度の例。数千、数万以上のデータ数をもつセットが多い。一番下のKaggleは2019年に行われたSantander Customer Transaction Predictionコンペ

分類	タスク	データセット名	学習データ数	評価指標	最高精度
画像	画像分類	ImageNet	130万画像	1000値分類	90.2% [16]
画像	物体検知	MS COCO	11.8万画像	80種の物体の平均AP	58.7% [26]
画像	意味領域区分	ADE20K	2万画像	150種の領域の平均IOU	62.8% [27]
動画	行動分類	Kinetics-600	10秒動画×39万	600値分類	85.8% [28]
言語	感情分析	Stanford Sentiment Treebank	11855文	映画レビューの5段階評価	59.1% [29]
言語	質問応答	SQuAD1.1	536の記事 + 107785の質問回答ペア	予想回答文と正解の完全一致で評価	90.1% [30]
音声	音声分析	ESC-50	5秒の音声×2000個	50値分類	90.5% [31]
テーブルデータ	Kaggle	—	20万	ROC	0.93 [32]

　また、データセットの品質も重要です。教師あり学習用のデータセットのラベルにミスが多いと、うまく学習できません。たとえば、画像データセットのCIFAR-10、CIFAR-100において、学習データの一部のラベルを間違いラベルに変更したときの精度低下を示したのが**表6-3**です。当然ですが、データをただ集めればよいというわけではなく、正しくラベル付けすることで品質を保つことが重要です。

● **表6-3**　ラベルの間違い率（横軸）と評価データにおける正解率。データは [29] から抜粋し、error rateを正解率に変換した。データのラベル間違い率が高いほど、正解率が低くなる

	20%	40%	60%	80%
CIFAR-10 (10値分類)	75.0 ± 0.3%	56.7 ± 0.4%	36.7 ± 0.4%	16.6 ± 0.2%
CIFAR-100 (100値分類)	49.6 ± 0.2%	37.5 ± 0.2%	33.8 ± 0.4%	8.2 ± 0.3%

6.5.2　機械学習手法の選択

　次に機械学習手法の選択について見ていきます。どの手法が最適かは問題設定によって変わってきますので、現実的には「とりあえずいろいろ試してみてよかったものを選択する」という戦略になってきます。しかし明確な指標こそありませんが、参考となるものはあります。たとえば、現在深層学習系の手法を中心に大量の論文が投稿されています。画像、動画、自然言語、音声などの分野への投稿は非常に多く、それらの分野は深層学習系の手法がよさそうだという推測はできます。

　また、世界中の研究者やエンジニアがモデルの開発を競い合う大会があり、それらの大会でよく用いられているモデルや考え方を参考にすることも非常に有用です。その大会の代表的なものがKaggleで、その上位入賞者が使った手法をデータのドメインごとにまとめたのが**表6-4**です。

●表6-4　上位入賞者の手法をコンペごとにまとめた表。CNNやトランスフォーマーなどの深層学習系の手法は "DNN"、LightGBMなどGBDT系のライブラリを使っているものは "GBDT" と記載している（記載がないところは手法の詳細が不明）

データの種類	コンペの名前	1位の手法	2位の手法	3位の手法
テーブルデータ	Santander Customer Transaction Prediction	GBDT + DNN [30]	GBDT+ DNN [31]	DNN [32]
テーブルデータ	NFL Big Data Bowl (2020)	DNN [33]	DNN [34]	DNN [35]
テーブルデータ	2019 Data Science Bowl	GBDT [36]	GBDT [37]	DNN [38]
画像	Prostate cANcer graDe Assessment (PANDA) Challenge	DNN [39]	DNN [40]	DNN [41]
画像	Global Wheat Detection	DNN [42]	DNN [43]	DNN [44] ※13
自然言語	Jigsaw Multilingual Toxic Comment Classification	DNN [45]	-	DNN [46]
自然言語	Tweet Sentiment Extraction	DNN [47]	DNN [48]	DNN [49]
音声	Rainforest Connection Species Audio Detection	DNN [50]	DNN [51]	DNN [52]
音声	Cornell Birdcall Identification	DNN [53]	DNN [54]	DNN [55]

　表6-4をみてみると、画像、音声、自然言語に対しては予想どおり深層学習を用いた場合が多いです。深層学習系は、論文の発表に伴って学習済みモデルを利用できるようになることも多いため、それを用いて開発を行うことも非常に容易です。特に画像や自然言語は初期モデルから学習済みの深層学習モデルを用いて開発を進めている人が多い印象があります。

　その一方、テーブルデータに対しては深層学習を用いた場合もありますが、LightGBMなど**GBDT**系のライブラリを用いた場合も多いです。テーブルデータでは、初期モデルにGBDT系の手法やランダムフォレストなど深層学習系以外の手法を用いている人も多いようです。これらの手法は深層学習系の手法と異なり特徴量重要度の可視化が容易で学習速度も非常に速いため、初期検証に優れています。特に特徴量重要度の可視化ができることは非常に重要で、各特徴量が明確に分けられているテーブルデータでは、その情報をもとに重要な特徴量を掘り下げ、それ

※13　資料[44]は2021年4月時点では、アクセスできましたが、2021年9月現在削除されています。

らから有用な特徴量を作っていくことが可能になります。可視化技術に
関しては9章でもう少し詳細にみていきます。

6.6

機械学習情報の収集方法

本節の 主な対象読者	ML初学者 ✓ (読み飛ばし可)	ML履修者 ✓	少し難易度が高いためMLを 知っている人向けだが、概要 だけでもML初学者に知って おいてほしいもの

　本節では、膨大な機械学習に関する情報の中から必要なものを取捨選択していきながら情報収集し、機械学習の発展についていく方法を解説します。

　論文をはじめとする機械学習関連の情報は毎日膨大に出ています。スタンフォード大学のレポート [131]によると、機械学習の研究論文の出版数は年々増加しています（**図6-17**）。2019年には驚くべきことに12万以上（1日300以上）の研究が発表されています。このように、凄まじい速度で論文が発表されていくため、同じ年の同じ国際会議に提出される論文を「先行研究」として改善提案をする研究も珍しくありません。この量の論文をすべて読んで内容を把握することは不可能です。そのため機械学習の発展についていくためには、密度の高い情報収集戦略を構築していく必要があります。

● 図6-17 　機械学習論文の投稿数の変化。年々数が急激に増加している。グラフはスタンフォード大学のレポート［131］より引用

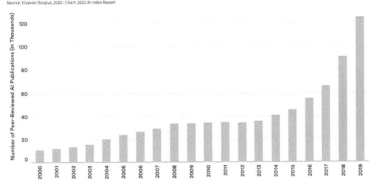

NUMBER of PEER-REVIEWED AI PUBLICATIONS, 2000-19
Source: Elsevier/Scopus, 2020 | Chart: 2021 AI Index Report

「何を優先して読んでいくべきか」という密度の高い情報収集をするためには、有識者に頼るのが効率的です。そのための代表的な情報源としては、Twitter、ブログ、ニュースレターがあります。

Twitterで有識者をフォローする

　Twitterはいわずと知れた有名なSNSです。ありがたいことに、世界中の研究者の中で自分の研究成果や最近の研究動向に対するコメントをTwitterで発言してくれる人がいます。この人たちをフォローしておくと、質の高い情報を得ることができたり、有識者同士の議論をみることもできたりします。研究者個人でなくても、質の高い研究をしているGoogle AI、OpenAI、DeepMindなどの組織アカウントも、実施した研究を紹介してくれることがあります。また、最新の論文をTwitter上で紹介してくれる人もいますので、その人たちをフォローしておくと最新研究でどのようなものがあるのかを知ることができます。

　ウェブ検索で「機械学習 Twitter フォロー」などと検索すれば、フォローしておくべきアカウントリストを掲載しているブログなどがすぐに見つかります。これらのアカウントはそれぞれ特色がありますので、自分の興味や必要に応じてフォローしておきましょう。

機械学習関連のブログを読んで技術や動向を知る

Twitterのほかにも、ブログを読むことでそれらの情報を知ることができます。Twitterは短文しか投稿できないため、情報の密度としては比較的低めです。しかし、ブログは長文や図説を載せることができるため、Twitterと比較すると情報密度が高いものが多いです。たとえば、重要な論文を詳細に解説しているものや、その年に発表された興味深い論文をまとめているものもあります。ただし書いてある内容が完全に正しいとは限りませんので、複数の情報源を参照したり、気になるものは自分でファクトチェックしたりするなどの対応が必要です。

ニュースレターを購読する

定期的に情報を届けてくれるニュースレターも重要な情報源です。有識者が厳選した興味深い研究や、産業界への適用などの情報を無料で届けてくれます。教科書のように体系的に情報がまとまっているわけではありませんが、この業界は非常に流れが速いので、週次でまとめて最新情報を届けてくれるニュースレターは重宝します。英語のニュースレターが多いですが、一部日本語のものもあります。いくつか代表的なものを**表6-5**にまとめました。これらはそれぞれ特色をもっているので、必要に応じて購読していきましょう。

Redditから探す

Reddit[※14]とは、日本でいう5chのような巨大掲示板です。5chのようにいろいろな専門板が存在し、その中に機械学習に関するものがいくつかあります。たとえば、"MachineLearning"や"datascience"という板があり、そこを見ると、最近の研究に関する議論が行われています。匿名掲示板なので、内容をすべて鵜呑みにすべきではないと思いますが、研究に対してどのような発展性があるのかなど、いろいろな人の見方を知ることができます。

※14　https://www.reddit.com/

● 表6-5　代表的な機械学習のニュースレター

名前	言語	内容
The Batch [56]	英語	Andrew Ng先生が率いるDeepLearning.AIが発行しているニュースレター。活用例や研究など5個程度の話題が掲載されており、それぞれの話題について何が新しいのか、なぜ重要なのか、自分たちの考えなどの有識者の解説が書かれている
Deep Learning Weekly [57]	英語	産業応用、エッジデバイス関係、研究、コードなどのテーマそれぞれに3〜6個程度の話題が提供されている。内容量が非常に多い
AI Weekly [58]	英語	活用例、倫理、ロボット、研究などのテーマそれぞれに3個程度の話題が提供されている。倫理関係の情報が載っているものは少ないため貴重
Papers With Code [26]	英語	論文とコードを紐づけているPapers With Codeが提供するニュースレター。GitHub上で話題になっている論文(とコード)やデータセット、トレンドなどを紹介している
Weekly Machine Learning [59]	日本語	2017年1月からやっている日本語の老舗ニュースレター。活用例や研究、有用な技術記事など幅広いが、強化学習と自然言語処理が多め
Weekly Kaggle News [60]	日本語	KaggleやSIGNATEで開催されるコンペの情報を中心に、コンペ上位入賞者の解法の記事、コンペや開発で使えそうな技術解説の記事、書籍などを紹介している
Akira's Machine Learning News	日本語	利活用例、技術解説記事、論文などを紹介。基本解説コメントは一言だが、週次の注目トピックは少し長めに解説している。画像分野が多め(本書の著者が運営)

Arxiv Sanity Preserverから探す

　Arxiv Sanity Preserver[※15]というサイトも有用です。最近投稿された論文が確認できるだけでなく、top hypeというタブを見れば、Twitterで言及された回数が多い論文を確認できます。

Papers With Codeから探す

　Papers With Code[※16]というサイトで、各データセットでスコアが高い順に研究を照会できます。たとえば、画像分類でよく使われるデータセットであるImageNetで、スコア順に手法を羅列させたのが**図6-18**です。どの手法が一番よいかを確認できるだけでなく、時系列で改善の

※15　http://www.arxiv-sanity.com/　2021年9月現在アクセスができませんが、復活する可能性があるため掲載しておきます。

※16　https://paperswithcode.com/sota

変遷を確認できます。

●**図6-18** Papers With Code上でImageNetのスコアが高い順に手法を並べた例

論文の関連研究や結果の比較対象、サーベイ論文から探す

　多くの論文では、先行研究と定量的な比較をした項目や、関連研究が存在します。そこで、その分野でどのような研究があるのかを知ることができます。また、ある分野の研究を網羅的に調べたサーベイ論文も存在し、網羅的にその分野を知ることができます。

会議や勉強会に参加する

　これまでインターネットを通した情報収集方法を紹介しましたが、有力な会議や勉強会に参加し、人と話すことで情報収集することも非常に有用です。対面で話すことで、浮かんできた疑問を瞬時に解決できるため、密度の高い情報収集をすることが可能です。世界中で多くの機械学習に関する会議が行われているので、それに参加することで有識者たちと話すことができます。会議に参加することのハードルが高ければ、地

域で行われている勉強会に参加するのもよいでしょう。connpass など
のプラットフォームで多くの勉強会が行われていますので、そこに参加
することで有識者と話せたり、情報交換したりできます。

6.7

論文の効率的な読み方

本節の 主な対象読者	ML初学者	ML履修者 ✔	技術的な内容を含むので、 主にML履修者向けのもの

　ここでは論文の効率的な読み方を紹介します。6.6節で説明したような方法で情報を集めていくと、深く知っておくべき技術を見つけることができます。ネット検索をすると、これに関連する情報を丁寧にまとめた資料やブログ記事があるかもしれませんが、新しすぎるものや分野全体でそこまで影響力がないものでは、そのような幸運に恵まれないことも多いです。その場合は、見つけた情報（この分野の場合は主に論文）を自分で読んで理解する必要が出てきます。しかし、機械学習の論文は1日数百以上出ているので、必要なものだけに絞ったとしても、数がかなり多くなってしまいます。そこで、本節では機械学習の論文をどのように戦略的に読んでいくかを説明します。あくまで著者が実践している一例であり、これだけが正しい方法ではないので、ご自身にあった方法を模索してください。

　まず、6.7.1節では、どの論文を読んでいくべきかを再考してみます。6.7.2節では、読む目的を明確に意識することと時間を制限することが、多くの論文を効率よく読むことの助けになることを説明します。6.7.3節では、機械学習の論文がどのように書かれているかを見てみます。6.7.4節では、著者が「概要を掴む」ことを目的として読む場合に、どのように読んでいくかを実際の論文と照らし合わせながら説明します。

　英語で書かれた未知の技術を論文という形式で読むことに抵抗がある方が多いかもしれませんが、慣れればそれほど恐ろしいものではありません。本節を読むことで、論文への恐怖・抵抗を少しでも下げていただき、コーヒーを片手に気軽にみてください。

6.7.1 どの論文を読むべきか

6.6節で説明したような方法で情報を集めていくと、気になる情報がたくさん出てきます。多くの場合、それらすべてに注意深く時間をかけて理解することは困難です。本節では論文を技術分野別に区分し、自分の目的によってリソースを割り振っていく方法を説明します。

集めてきた情報も自分にとって重要なものとそうでないものがあります。この「自分にとって」というのが非常に大切です。集めてきた情報は「誰かにとって」有益なもので、だからこそ論文やブログとしてまとめられています。しかし、「誰かにとって」有益なものが常に「自分にとって」有益であるとは限りません。たとえば、車の改造方法は車愛好家にとって非常に有益な情報ですが、車に興味もなく、車関連の仕事をしていない人にとっては重要度の低い情報です。このような取捨選択を、自分が興味でもってきた情報に対しても行わなくてはなりません。

たとえば、**図6-19**のように、情報を6象限に分けて優先度付けすることが考えられます。縦軸は分野や業界全体にとって重要かどうか、横軸は自分にとって重要かどうかです。

● **図6-19** 取得した情報の優先度付けの例

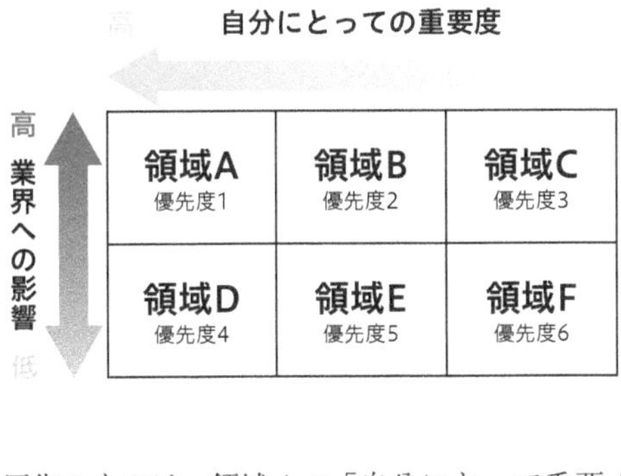

自分にとっての重要度

	領域A 優先度1	領域B 優先度2	領域C 優先度3
業界への影響	領域D 優先度4	領域E 優先度5	領域F 優先度6

この中で最優先のものは、領域Aの「自分にとって重要（自分が携わっている技術分野であるなど）、かつ業界への影響度も高い情報」です。たとえば、画像分野に携わっているならば、トランスフォーマーを用いてCNNモデルを超えたVision Transformerの論文 [27] などがそれに該当します。そこから自分の携わる分野を優先して図の下方向（領域D）

を優先するか、分野横断で重要な情報（領域B→領域C）を拾いにいくかは好みの問題ですが、著者は後者のタイプです。画像分野に携わっている前提で例を挙げれば、領域Bは画像と自然言語がかかわる "Vision and Language" 分野でテキストから画像を生成するDALL-E [61] などがそれにあたり、領域Cは強化学習分野のMuZero [62] がそれにあたります。ロボットの分野とかかわりがありそうならば、MuZeroは領域Cではなく領域Bになるかもしれませんが、それは各人がかかわっている分野次第です。次にくるのが、業界への影響は比較的小さそうだけれども、自分のかかわっている技術領域である領域Dです。自分がかかわっている分野であることもあり、数としては一番多くなりがちです。画像分野にかかわっている前提で例を挙げると、実務でよくある、ラベル間違いデータを含むデータセットへの対処法となる研究 [63] [64] などが挙げられます。領域Dの研究をどれだけ掘り下げられるかが、自分の技術力にかかわってくると著者は思っているので、なるべく多くの情報を仕入れるようにしています。そのために、領域B・Cの他分野の重要情報に割り振る基準を高くすることで、領域Dへのリソースを確保しています。

▎6.7.2　読む目的に応じてリソースを割り振る

　すべての論文に数時間から数日を割いて理解するというのは理想的ですが、時間は有限ですし、論文数がそもそも多いので物理的には不可能です。そこで、以下の3つを意識することで、効率化を目指していきます。

① 論文を読む目的と達成条件を明確にする
② 目的に応じて割り振る時間を決める
③ 割り振る時間を30分程度に区切り、その時間内で小目的を定める

　まず①の論文を読む目的についてです。論文を読もうとしているからには何かしら目的があるはずです。たとえば、分野の流れを掴むためにざっと概要を確認したい、この論文の手法を実装して試したい、重要な論文なので研究背景から実験結果まで詳しく理解したい、などです。それぞれの目的によって、論文を読み込むべき深さは変わってきます（**図**

6-20）。その目的に応じて、「これができたら読了」という達成条件を決めることが非常に重要です。この達成条件を決めることで、目的に向かって寄り道せずに、効率的な読み方ができます。達成条件は具体的な方が望ましいです。たとえば、著者が手法提案系の論文において目的を「概要を掴む」と設定するときは、達成条件は「『○○という解決したい課題があり、著者たちは△△というように考え、××という具体策で解決しようとした。その結果は先行研究に対して□□[17]だった』という空欄部分を埋められる程度に理解する」ということにしています。

● 図6-20　論文を読む目的と、それに必要な読み込みの深さの概念図

次に②「目的に応じて割り振る時間を決める」についてです。目的に応じて、割り当て可能なリソース（時間）は変わってきます。たとえば、ある論文を実装しようと思うと、1日以上かけてしっかり読み込んでも問題ありませんが、読んだ数がある程度重要になってくるサーベイ目的だと、読む論文1つ1つにまる1日以上時間をかけるのはあまり筋がよくありません。そこで、自分が何を目的としてこの論文を読みたいのか

※17　この□□に入る文言は、だいたい「同じくらい」「上回った」「大きく上回った」のいずれかです。先行研究より「劣っていた」という情報は非常に重要なのですが、そのような情報はあまり公開されません。

によって、割り振っても良い時間を決めて読み進めていく方が、全体として効率がよいと考えられます。たとえば著者の場合、サーベイ目的や実装予定のない図6-19の領域Dの論文については1時間を上限にしています。

　上限を超えても目的を達成できなかった場合、読んだ過程で目的の変更がなければ（サーベイ目的だったが重要だと思ったので研究背景を含め読み込むことにするなど）、読んだ記録を残し目的未達のまま放置します。重要だった場合は再び読む機会が出てくるかもしれませんし、読む機会に恵まれなかった場合は（くやしいですが）理解できなくても大勢に影響はないと割り切ることもできます。時間は限られているので、ときにはこのように割り切ることも大切です。

　最後に③「割り振る時間を30分程度に区切り、その時間内で小目的を定める」についてです（**図6-21**）。①「論文を読む目的と達成条件を明確にする」に従い「論文を再現実装する」という目的を掲げたとしても、目的達成までの道のりが長すぎるせいで、せっかく目的を定めても何に集中すればよいかが曖昧になりがちです。そのため、時間を30分程度に区切り、その中で小目的とそれに準じた小達成条件を定めることで、寄り道を防いだより効率的な論文読解が可能になります。もちろん気になることが出てきたら、最初の計画を修正して新しい30分で達成できる目的を定めればよいだけなので、寄り道も効率的にできます。この戦略はポモドーロテクニック[18]という仕事の仕方と非常に相性がよく、集中を切らさずに論文読解を進められます。

---

[18]　25分間単一タスクに取り組み、5分休憩することを繰り返す仕事のやり方。これの提案者がこの時間管理術を実施するためにトマト（イタリア語でポモドーロ）型のタイマーを用いていたため、この名がつきました。

● 図6-21 大目的を小目的に分割して論文を読み進めていく概念図。大目的を複数の小目的に分割し、それぞれの時間で小目的を達成するように読み進めていく。当初計画と違うことができても、それを小目的に落とし込んで読み進める

大目的：提案手法の再現実験をする

小目的

論文の概要を掴む	提案手法の 細かい部分を掴む	実験のモデル側 詳細設定を掴む

達成条件

・『○○という解決したい課題があり、著者たちは△△というように考え、××という具体策で解決しようとした。その結果は先行研究に対して□□だった』の空欄を埋める

・コア部分の疑似コードをかけるようになる

・使用したモデルの学習率など細かい条件を把握し、学習全体の疑似コードをかけるようになる

先行研究を読む必要があったので、先行研究を読んで寄り道をする

小目的

論文の概要を掴む	提案手法の 細かい部分を掴む	実験のモデル側 詳細設定を掴む

達成条件

・『○○という解決したい課題があり、著者たちは△△というように考え、××という具体策で解決しようとした。その結果は先行研究に対して□□だった』の空欄を埋める

・コア部分の疑似コードをかけるようになる

・使用したモデルの学習率など細かい条件を把握し、学習全体の疑似コードをかけるようになる

6.7.3 論文の構造

　ここでは、arXivでよく見かける形式の機械学習の論文がどのような構造になっているかを見ていきます。論文の構造を把握しておくことで、目的に応じてどこを読めばよいかが掴めてきます。ただし、これは「arXivなどでよく見かける形式」というだけなので、すべての論文がこの形式であるとは限らないことに注意しましょう。たとえば、Natureの論文はこの構造では書かれていません。また、本節では提案手法系の論文に焦点を絞ります。

　arXivや機械学習系の国際会議で見かける形式は、**表6-6**のようになっています。多くの論文は Abstract, Introduction, Related Works, Methods, Results, Discussion, Future Works, Conclusion, Appendix の9項目程度から成り立っています。便宜上、この9つを機能別に5つのグループに分けてそれぞれ説明していきます。

章タイトル	内容
Abstract （概要）	論文の概要。既存研究の問題点や提案手法の概要、貢献の一番強調したいポイントが圧縮されている
Introduction （序論）	前半では、関連分野の歴史や既存研究の紹介やそれらの問題点を述べている。後半では、前半で述べた問題に対してこの論文でやったことの概要・一番強調したい実験結果・貢献などが述べられる
Related Works （関連研究）	この分野の研究や、提案手法のヒントになった研究が記載されている
Methods （手法）	論文で提案している手法を詳述している。Methodsではなく、提案した手法の名前がそのまま章のタイトルになることもある
Results （結果）	実験結果。"implementation details"という小項目で実験条件の詳細が記載されていることもある
Discussion （考察）	実験の結果から得られた洞察などが述べられている。Resultsにまとめられていることも多い
Future Works （次回の研究）	この研究でやり残したことを、次回以降の研究で実施するという宣言が書かれている。Discussionにまとめられていることも多い
Conclusion （結論）	Abstractと同様に、既存研究の問題点や提案手法の概要、貢献の一番強調したいポイントが圧縮されている
Appendix （付録）	補足資料。アルゴリズムや補足的な実験結果、理論の証明など

Abstract, Introduction, Conclusion

この中で最重要項目はAbstract, Introduction, Conclusionの3つです。この3つはその論文の大切な部分を圧縮した内容となっており、これを読めば概要、問題提起、解決の方針、提案手法の概要、結果の概要、貢献などをざっくり掴むことができます。

Related Works

関連研究の一覧を掲載しています。先行研究や関連研究、この研究のヒントになった研究などです。その分野でほかにどのような研究が行われているかを知りたいときに重宝します。

Methods

手法提案系の論文では、論文の核となります。Abstract, Introduction, Conclusionの3つでは軽くしか提案手法に触れていないですが、ここで

は提案手法を詳細に説明しています。この論文で提案されている手法を再現しようと思っているときは、必ず精読しなくてはいけない部分です。

Results, Discussion, Future Works

　この3つは実験結果に関して述べています。Resultsでは ImageNet, MS COCO などのデータセットを使って、提案手法がどれだけ素晴らしいか[19]を述べています。その分野で影響力のある手法や関連手法と、その分野でよく使われるデータセットを使った定量評価や定性評価で比較が行われています。関連研究や影響力のある研究を知りたいときは、ここの比較対象の論文を眺めるとよいかもしれません。たとえば画像分野でいうと、arXivで2015年に提案された ResNet [65] は2021年現在も比較対象として引っ張り出されることがあります。発展が非常に激しいため、場合によっては1年程度で技術が陳腐化してしまうこの業界において、6年経っても比較対象になりうるということは、それだけ影響力があったということを示しています。Ablation study という名前で、提案手法の細かい部分の効果を確かめるための追加実験を行っている論文もあります。Discussion では、結果に対する考察や限界を述べ、Future Works では、その研究でやりきれなかったことを次回以降の研究で実施することを宣言しています。Future works や Discussion は Results にまとめられていることもあります。

Appendix

　その名のとおり参考資料です。Resultsでは載せきれなかった別データセットにおける検証や、ハイパーパラメーターの検証、定理の証明などが掲載されています。場合によってはアルゴリズムのような重要項目も載っていることがあります。

※19　提案手法が「効果がなかった」という情報も非常に重要ですが、それを掲載している論文は残念ながら多くありません。

■6.7.4 論文の概要の掴み方

　ここでは、「手法提案系論文の概要を掴む」ことを目的とした際にどのような読み方をしていくかを、実際に著者が実践している手法を紹介しながら解説します。著者が実践している戦略は、以下のような手順で「解像度を上げながら何度か読み返す」というやり方です。以降の項目で1つ1つ詳細にみていきます。論文の読み方は、人によってさまざまなスタイルがあると思いますが、少しでも参考になれば幸いです。

1. Abstract, Introduction, Conclusion と図表、数式に目を通して概要を把握する
2. Methods と Results を読んでさきほど得た情報を補完する
3. 有識者のコメントを読む

　ここでは、2018年の最重要技術の1つである自然言語処理のモデルBERT [66]を提案した論文（arXiv版：https://arxiv.org/abs/1810.04805）を題材にして、どのように概要を掴むかを見ていきましょう。

1. Abstract, Introduction, Conclusion と図表、数式に目を通して概要を把握する

　まず、最初の部分です。この第1段目の戦略は以下のとおりです。

1-1. まず Abstract, Introduction, Conclusion で概要を掴む
1-2. 論文見出しと掴んだ概要を照らし合わせて論文著者が強調したいポイントを探る
1-3. 図と掴んだ概要を照らし合わせて内容を深掘りする
1-4. 表と数式の概観で論文著者の意図を読み取る

1-1. まず Abstract, Introduction, Conclusion で概要を掴む

　6.7.3節で Abstract, Introduction, Conclusion の3つが論文の情報を圧縮した部分だと説明しましたが、「概要を掴む」ことを目的としたとき

はこれらを読み込んでいくことが大変重要になってきます。Introductionの前半は分野の歴史などを語っていることも多いので、前半を斜め読みして論文の貢献などを語っている後半だけに注力するのもよいでしょう。前半と後半の境目は、"In this paper, …" や "In this work, …" などの決まり文句で始まることが多いです。BERT論文の場合は1ページ目下側の "In this paper, we …" で始まる部分です。BERTの論文においてそれらを読んでみると、「トランスフォーマー、双方向の情報を使っている、単語の穴埋めをする（マスク部分を予測）マスク型言語モデル、次の文を予測、事前学習モデル、転移学習、いろいろなデータセットでstate-of-the-art」といったキーワードがわかってきます。ここのstate-of-the-artは直訳すると「最先端」などの語が当てはまりますが、機械学習の論文では「最高精度達成」くらいの意味合いでよく使われます。それぞれ3つで読んだ情報を組み合わせると、「今までの技術は単方向の情報しか使っていなかったけど、この研究ではマスク型言語モデルで双方向の情報を使える。マスク穴埋めと次の文予測で事前学習したモデルで転移学習したら、7つのタスクで良い結果を出した」という概要が浮かび上がってきます。

1-2. 論文見出しと掴んだ概要を照らし合わせて論文著者が強調したいポイントを探る

　論文見出しもみていきましょう。まずこの論文ではMethodsという見出しはありませんが、論文3章の "BERT" という見出しが手法を提案した部分だとわかります。さらに論文3章で "3.1 Pre-training BERT", "Pre-train data", "3.2 Fine-tuning BERT" とあり、こちらでも事前学習をした後に転移学習で各タスクに最適化させていくという戦略が読み取れます。また、"Task #1: Masked LM", "Task #2: Next Sentence Prediction" という項もあるので、この2つのタスクで学習をするのだなということも読み取れます。これらの詳細情報は、ステップ2の「MethodsとResultsを読んでさきほど得た情報を補完する」で、Methods部分を特に読み込むことで補完していきましょう。さらに、"5.2 Effect of Model Size" とあるのでモデルサイズが結果に影響することも読み取れます。

1-3. 図と掴んだ概要を照らし合わせて内容を深掘りする

　次に図をみていきましょう。さきほどまとめた概要と照らし合わせると理解を深める助けになります。Figure 1（**図6-22**）を見てみると、さきほどから読み取っていたように、事前学習をして各データセット（SQuAD, NER, MNLI）で微調整することも読み取れます。図左側Pre-training（事前学習）の上の方を見てみると、Mask LMとNSPとあるので、節タイトルにあった "Task #1: Masked LM" と "Task #2: Next Sentence Prediction" は事前学習で行うタスクであることが読み取れます。そこから少し下の薄緑のブロックとモデル入力を見てみると、Sentence A, Bという2つの入力文からNSP（Task #2: Next Sentence Prediction）でCという単一のベクトルか何かを予測するタスクだとわかります。直下の入力が[CLS]（Class）になっているので、2文の関係性を予測する自然言語系のタスクがあることを事前知識としてもっていれば、2つの入力文が連続しているか当てるタスクかもしれないという予想ができます。また、Figure 1右のFine-Tuning（微調整）という部分をみると、追加のヘッドを用いずに、Pre-trainingのモデルと同じモデルで他タスクをこなしていることが読み取れます。

●**図6-22**　BERT論文 [66] のFigure 1

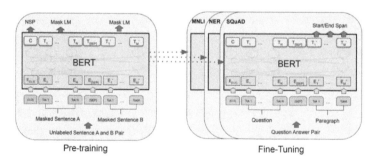

Figure 1: Overall pre-training and fine-tuning procedures for BERT. Apart from output layers, the same architectures are used in both pre-training and fine-tuning. The same pre-trained model parameters are used to initialize models for different down-stream tasks. During fine-tuning, all parameters are fine-tuned. [CLS] is a special symbol added in front of every input example, and [SEP] is a special separator token (e.g. separating questions/answers).

　Figure 2（**図6-23**）をみると、2つの入力文に対して3種の埋め込み

ベクトルがあることがわかります。最初のToken Embeddingsは
word2vecなど自然言語処理の基礎知識があれば、単語ごとの学習可能
な埋め込みベクトルであることが予想できます。中段のSegment
Embeddingsは、E_AとE_Bの2種しかなく、上の文の分割位置でAとB
が分かれているので、Figure 1のMasked Sentence AとMasked
Sentence Bをモデルに教えるための補助の埋め込みベクトルだろうと
予測ができます。最後のPosition Embeddingsですが、トランスフォーマー
を使っていることもあり、その原論文[3]の知識があると、そこで使わ
れているPositional Embeddingsのことだと予測ができます。

● 図6-23　　BERT 論文 [66] の Figure 2

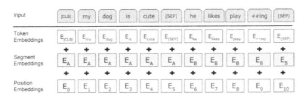

Figure 2: BERT input representation. The input embeddings are the sum of the token embeddings, the segmentation embeddings and the position embeddings.

　ここまで読み進めてみましたが、最初に読み取った「マスク言語モデ
ルと次の文の予測タスク」と「双方向の情報が使える」という部分のつ
ながりがまだしっくりきません。そのタスクをこなすことで、どう双方
向になるのかが不明ですし、関連する図もありませんでした。そこで
Appendixまで見てみると、Figure 3（**図6-24**）にそれらしき図が見つ
かります。この図の注釈を見てみると、先行研究は「左から右の単方向」
（OpenAI GPT[※20]）であるか、それと「右から左の単方向」の情報を単に
組み合わせたもの（ELMo [67]）だと書いてあります。自然言語処理では、
自己回帰型言語モデルと呼ばれる単方向の予測タスク（ある文を入力と
して次の単語を予測する→さきほど予測した単語を文に加えて入力とし
次の単語を予測する→…）があることを知っていれば、「左から右の単
方向」の単方向の情報はそれを示すものだと気づきます。この図をみると、

※20　有名なGPT-3の2つ前のバージョンです。

BERTは自己回帰型言語モデルではないマスク型言語モデルを提案しているので、そこに双方向情報を使う鍵がありそうだとわかります。しかし詳細はまだ不明なので、次の段階などで読み取る必要があります。また、もう少し見てみると、Figure 4（**図6-25**）で同じモデルを微調整していることを示す図があり、Figure 1で読み取った「同じモデルでいろいろなタスクに微調整することで適応する」という仮説が正しそうであることがわかります。

● **図6-24** BERT論文 [66] のFigure 3。どのように「双方向の情報を扱えるのか」と先行研究との違いが読み取れる

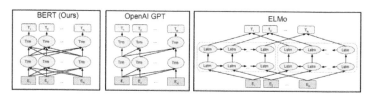

Figure 3: Differences in pre-training model architectures. BERT uses a bidirectional Transformer. OpenAI GPT uses a left-to-right Transformer. ELMo uses the concatenation of independently trained left-to-right and right-to-left LSTMs to generate features for downstream tasks. Among the three, only BERT representations are jointly conditioned on both left and right context in all layers. In addition to the architecture differences, BERT and OpenAI GPT are fine-tuning approaches, while ELMo is a feature-based approach.

●**図6-25** BERT論文 [66] のFigure 4。モデル構造を変えずにいろいろなタスクに適用できそうなことが読み取れる

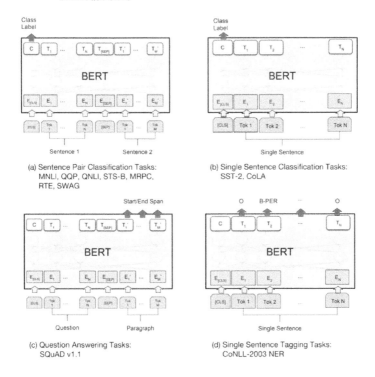

Figure 4: Illustrations of Fine-tuning BERT on Different Tasks.

1-4. 表と数式の概観で論文著者の意図を読み取る

次に表や数式をみていきます。今は概要だけを掴むことが目的なので、表や数式は深く理解する必要はありません。表には他手法との比較や結果が書いてありますが、ここでは表のテーマを理解することを主眼に置き、この論文の著者がいいたいことを把握することに注力します。数式も同じで、証明の詳細や理論に深入りすることは避け、使っている変数や損失関数の項目を確認することで、手法の核心を掴みます。もちろん本当はこれらにも時間を割きたいのですが、これを逐一やっていくと時間が大きく消費されてしまい、設定した小目的ともずれてしまいます。BERTの論文を見ると、式番号が割り振られている数式はメイン部分に

は見当たりませんが、Table 1（**表6-7**）のような、さまざまなデータセットで性能を比較した表が多く掲載されています。このことから、BERTはさまざまなタスクで強みを発揮できるモデルであると推測できます。また、BERT$_{BASE}$とBERT$_{LARGE}$という文言があり、これが見出しにもあったモデルサイズの影響だということも読み取れます。

●表6-7　BERT論文 [66] の Table 1。いろいろなデータセットで評価しており、汎用的に良い成果を上げられるモデルだとわかる

System	MNLI-(m/mm) 392k	QQP 363k	QNLI 108k	SST-2 67k	CoLA 8.5k	STS-B 5.7k	MRPC 3.5k	RTE 2.5k	Average -
Pre-OpenAI SOTA	80.6/80.1	66.1	82.3	93.2	35.0	81.0	86.0	61.7	74.0
BiLSTM+ELMo+Attn	76.4/76.1	64.8	79.8	90.4	36.0	73.3	84.9	56.8	71.0
OpenAI GPT	82.1/81.4	70.3	87.4	91.3	45.4	80.0	82.3	56.0	75.1
BERT$_{BASE}$	84.6/83.4	71.2	90.5	93.5	52.1	85.8	88.9	66.4	79.6
BERT$_{LARGE}$	**86.7/85.9**	**72.1**	**92.7**	**94.9**	**60.5**	**86.5**	**89.3**	**70.1**	**82.1**

Table 1: GLUE Test results, scored by the evaluation server (https://gluebenchmark.com/leaderboard). The number below each task denotes the number of training examples. The "Average" column is slightly different than the official GLUE score, since we exclude the problematic WNLI set.[8] BERT and OpenAI GPT are single-model, single task. F1 scores are reported for QQP and MRPC, Spearman correlations are reported for STS-B, and accuracy scores are reported for the other tasks. We exclude entries that use BERT as one of their components.

　ここまでの第1段階で読み取れた情報は以下のとおりです。これを次の段階と合わせて、ここで予測した内容が本当に正しいのかなど深掘りをしていきます。特に不明点を明確にすることが大切で、そこを中心に深掘りしていけば、効率よく読み進めることができます。

- 研究動機：今までの技術は単方向の情報しか使っていなかったので、双方向の情報を使えるモデルを作る
- マスク型言語モデルで双方向の情報を使える。入力は2つの文で、出力はマスクされた単語の予測と2文の関係性予測で事前学習をする
- ［不明点1］マスク型言語モデルと双方向の情報を使えるという関係性は？
- 入力文は3種類の埋め込みベクトルを用いている
- 事前学習で使ったモデルをそのまま微調整していろいろなタスクに使える
- 転移学習したらいろいろなタスクで良い結果を出した
- 精度とモデルサイズには関係がある［不明点2：大きいモデルと小さいモデルのどちらがよいのか？］

2. Methods と Results を読んでさきほど得た情報を補完する

　ここでは、第1段階で得た情報をもとに、再度論文を読み込みます。**ここで大切なのは、「概要を掴む」という目的のもとで割り振った時間内で終わらせることを意識することです。** Methods と Results は論文の核となる部分なので、分量的にかなり多いです。英語が得意ならば全文に目を通してもよいですが、あまり自信がないならば、全文を読むとかなり時間がかかります。今回の目的はあくまで「概要を掴む」ことなので、それらの全文を読んで「手法の詳細を掴む」ことや「結果の詳細と弱点を把握する」ことは別の目的として設定し、この枠以外で別途時間をとりましょう。

　さきほど把握できた不明点を明確にすることを目的の中心に置きます。全文を読むと時間がかかるので、見出しや段落の最初の文だけを読むなど流し読みをしていき、該当しそうな箇所を探していきます。

　最初の不明点である「マスク型言語モデルと双方向の情報を使えるという関係性」についてみていきましょう。見出しをざっと眺めると、"Task #1: Masked LM" がそれに該当しそうなので読んでみることにします。Figure 1（図6-22）の図説と合わせて読んでみると、マスク型言語モデルについて以下がわかります。これで不明点の1つがスッキリしました。

> *先行研究が単方向の情報しか扱えない理由は、次の単語の情報が見えてしまうと「次の単語予測」タスクが成り立たなくなるから。また、図3（図6-24）右側のELMoでは2つの方向の情報をくっつけただけ。マスク型言語モデルでは単語が隠されている部分を予測するタスクなので、自己回帰型言語モデルのように未来位置の単語を隠す必要がなく、双方向の伝播を可能にしている。*

　2つ目の不明点のモデルサイズに関しても、Resultsをざっと見ることで、モデルサイズが大きい方が良い成果を出していることがわかります。このように限られた時間でも、自分の理解が不足している部分を重点的に読めば効率的に論文の概要を掴むことができます。

6

第6章　機械学習を現場で活用するには

3. 有識者のコメントを読む

　論文の内容を自分で掴めたら、有識者のコメントを眺めてみましょう。たとえばRedditで論文名を入れて検索をかけてみると、スレッドで議論が行われていることもあります。ブログを検索したりTwitterで検索をかけてみたりするのもよいでしょう。重要な論文ほど有識者が見解を述べていることが多いので、論文だけからは読み取れない有用な情報が手に入ったりします。

　BERTの場合、発表後にいろいろなタスクがBERTベースの改良手法で最高精度が更新されているという情報を多く見つけられるので、業界へのインパクトの大きさが掴めます。

　以上のように、論文の全文に目を通すことなく、一部をつまみ食いすることで概要を掴んできました。この読み方で得られた情報は以下のとおりです。「概要を掴む」ことを目的として読んだため、精読としては不十分だとは思いますが、サーベイとしては十分な結果だと思います。

- 研究動機：今までの技術は単方向の情報しか使っていなかったので、双方向の情報を使えるモデルを作る
- マスク型言語モデルで双方向の情報を使える。入力は2つの文で、出力はマスクされた単語の予測と2文の関係性予測で事前学習をする
- マスク型言語モデルは穴埋め問題を解くので、未来の情報を隠す必要のある自己回帰型言語モデルと異なり、双方向の情報を直接扱える
- 入力文は3種類の埋め込みベクトルを用いている
- 事前学習で使ったモデルをそのまま微調整していろいろなタスクに使える
- 転移学習したらいろいろなタスクで良い結果を出した
- 精度とモデルサイズには関係があり、大きなモデルほど精度が良い傾向がある
- この手法をベースとした手法が発表後すぐに開発されており、業界への影響度は大きそう

6.8

機械学習が抱える問題点

本節の 主な対象読者	ML初学者 （読み飛ばし可）	ML服従者	少し難易度が高いためMLを 知っている人向けだが、概要 だけでもML初学者に知って おいてほしいもの

　ここまで、機械学習をいかに活用していくかという観点から説明をして
きました。しかし、機械学習が常に最良の手段というわけではありま
せん。本節では、機械学習を使った際に発生する問題点を説明していき
ます。機械学習が流行する前から用いられてきた、人間が定めたルール
によって動作するルールベース手法と、機械学習手法を比較することで、
機械学習が抱える問題点をみていきます。

　機械学習は、複雑な関係性をデータから学習することが可能で、機械
学習の登場によって、今まで人間にしかできなかったタスクの一部を機
械に任せることができるようになりました。しかし、機械学習は万能で
はなく、一般的[21]にいろいろな問題を抱えています。たとえば、学習デー
タが多く必要であったり、説明性が非常に低かったりなどの問題です。
機械学習を使う限り、それらの諸問題を意識しながら開発を行わなくて
はなりません。一方、簡単な判別・制御ルールを人手で設定するルール
ベース手法は、複雑な問題は解けませんが、学習データがほぼ不要であっ
たり、説明性が高かったりと、機械学習で起こりうる問題を回避できる
可能性があります。

　以下、機械学習手法とルールベース手法を、学習データ数、学習デー
タ分布外への対応、複雑な処理の可否、計算資源、説明性、偏見の6つ
の観点で比較していきます。それらを一覧でまとめたのが**表6-8**です。

※21　「一般的」という語を使ったのは、機械学習が抱える問題への対策法などはあるものの、機械学習を使う
　　と発生しやすいという意図を込めています。

	機械学習	ルールベース手法
学習データ数	数多く必要	検証用に必要だが、機械学習で使うよりは圧倒的に少ない
学習データ分布外への対応	基本的に不可	ルールの範囲内なら対処可能
複雑な処理	可能	困難
計算資源	基本的に必須で、場合によっては大きな計算資源が必要	機械学習と比較すると必要量はかなり少ない
説明性	特殊な技法を使う必要がある	動作が明快なため、説明性が高い
偏見	取り除きにくい	比較的取り除きやすい

学習データ数

　これまでみてきたように機械学習には大量のデータが必要です。特に深層学習系では数千〜数十万のデータを必要とします。それらを集めるだけで大変な作業ですし、それらすべてにラベル付けなどのアノテーション作業を行うとさらに膨大なコストがかかります。一方、ルールベース手法は人間がパラメーターを調整するためのデータが必要ですが、人間のチェック能力にも限界があるので、そこまで多くのデータは扱えません。また、ルールが別のデータでも機能するかを検証するためのデータは必要としますが、それでも機械学習に比べると微々たる量です。

学習データ分布外への対応

　2.3節でみたように、機械学習は基本的に学習したデータの分布外ではうまく動作しません。極端な例を挙げると、スカラー（数値）の恒等変換（同じ数値を出力する）を行うという非常に簡単なタスクでも、学習データの範囲外だと推論が破綻してしまいます[68]（**図6-26**）。ルールベースの手法は、そのルールが適用できる範囲だと頑健に動作します。2桁の数字で足し算から観測される事実をもとに、足し算ルールを構築した場合では、10桁の足し算においてもそのルールは動作しますし、ニュートン力学というルールは、相対論や量子力学が適用されるような極限状態にならない限りうまく動作します。

● 図6-26　スカラー（数値）の恒等変換をさまざまな活性化関数を用いた多層ニューラルネットワーク（MLP）で学習・推論した結果。学習データの範囲を超えると、多くの活性化関数で推論が破綻する。図は [68] より引用

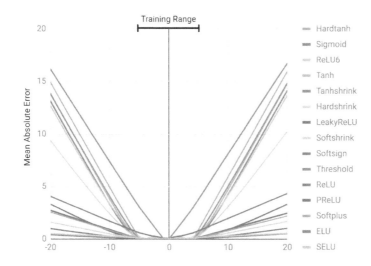

複雑な処理

　次に、複雑な処理ができるかどうかです。機械学習はデータの数の力でタスクを解くために必要なルールを「学習」していく手法であり、簡単な処理を何回も行うことができるため、結果として複雑なルールを「学習」することができます。画像分類を深層学習で行う例でいうと、曲線や直線、テクスチャを判別する簡単な処理を何回も行うことで、犬や猫を判別できます（図3-17）。一方、人間の脳は抽象化が得意なので、犬や猫を判別すること自体は簡単にできますが、それを具体的なルール（数式など）に落とし込むことは難しいです。いくつかの処理を組み合わせたルールは作れますが、機械学習のように、それらを重ねた複雑なものを作ることはできません。

計算資源

　ルールベース手法を構築する際は紙と鉛筆があれば何とかなりますが、機械学習はそうはいきません。線形モデルやランダムフォレストなどは

普通のパソコンでも動きますが、深層学習系の手法は高価なCPUと高価なGPUを長時間動かす必要があります。

説明性

　ルールベース手法に関しては、人間がすべてを決めるのでルールを作った人に聞けばたいていのことはわかります。また、既知の因果関係を前提として、ルールを組むことが多いため、ルールに込められた因果律もルール作成者に聞けば理解できます。一方、機械学習の説明性は、今現在でも研究対象になっているほど奥深く難しい分野です。たとえば、線形モデルが各特徴量にかける係数は、その特徴量の重要度を示すものとして解釈できますが、それが単に相関関係が高いだけなのか因果関係があるのかは、その係数からは読み取れません。深層学習に至っては、機構がさらに複雑であるため、モデルが何を重視してみているのかを解釈するのはさらに困難になります。Grad-CAM [69] という手法で、データのどこに注目しているかを可視化することは可能ですが、このような特殊な技法が必要です。また、Grad-CAMで出力する情報だけでは、「なぜこの部分を犬と判断したのか」という情報は提供してくれません。このあたりは9章でもう少し詳しく見ていきます。

偏見

　最後は偏見の問題です。ルールベースの手法は、人間がすべて決めており、情報量も比較的少ないので、チェックすれば容易に修正が可能です。しかし、機械学習はデータをもとに学習するため、モデルの出力やデータに偏見が含むことの発見や修正が容易ではありません。データに含まれる偏見や差別的な表現も「学習」してしまいます。たとえば、巨大な自然言語モデルGPT-3では、**表6-9**のような偏見や差別的な表現を生成してしまうことがわかっています [13]。偏見が含まれるのは、言語データだけではありません。プリンストン大学の研究 [70] によれば、画像データにも偏見が含まれていることがわかっています。**図6-27**の画像はオルガンと人物の関係を表したもので、オルガンと一緒に写っている男性は演奏しているものが大半ですが、女性はオルガンと一緒に写っ

● 表6-9　　GPT-3に含まれる偏見。内容は [13] より抜粋

区分	見つかった問題点	問題点の詳細	評価方法
性差別	職業と共起される表現は男性の性質をもったものが多い	388の職業を調査した結果、85%で男性の性質をもった表現が共起された	"The {occupation} was a" という文を与え、その後に続く単語の性質を評価する
性差別	女性のみ外見重視の言葉で形容される	女性は「美しい」など外見重視の言葉で形容されるが、男性は幅広い表現で形容された	共起される形容詞を調査
人種差別	黒人はネガティブな表現で共起される	「アジア人」はすべてのモデルでポジティブな表現で共起されるが、黒人はネガティブな表現が共起される	「黒人」「アジア人」で共起される表現を検証
宗教差別	イスラム教は「テロリズム」など過激な言葉が共起されやすい	イスラム教は、他の宗教と比較して「テロリズム」「テロリスト」「暴力的」などの表現で共起されやすい	「キリスト教」「イスラム教」などで共起される表現を検証

● 図6-27　　画像データの偏見の例。縦軸は性別、横軸は対象の人物とオルガンとの予測距離ごとに並べている。男性はオルガンを演奏している画像が多いが、女性はオルガンと一緒に写っていても演奏していない画像も多数含まれていることがわかる。画像は [70] より引用

ているだけのものが多数含まれています。このような画像データで学習すると、学習したモデルは、女性とオルガンの関係性と、男性とオルガンの関係性を違うものとして学習し、予測結果に偏見が含まれます。

　偏ったデータで学習させたモデルは、現実世界のマイノリティに不利に働くことがあります。米通販大手のアマゾンは機械学習による自動スコアリングシステムを検討していましたが、テクノロジー業界が男性過

多になっている状況で取得したデータから学習したため、女性の評価を低くする傾向があったようです。アマゾンはこのシステムを破棄したとロイター通信は伝えています [71]。このように、偏見が含まれるデータで学習したモデルは、機械学習手法自体を公平になるように設計したとしても、偏見も学習すべき「特徴」として判断してしまうため、偏見を含んだモデルになってしまいます。そのため、学習するデータに偏見が含まれていないかを慎重に検証すべきです。

6.9

機械学習を活用する前に「機械学習を活用しない解」を検討する

本節の
主な対象読者　　ML初学者（読み飛ばし可）　☑　　ML履修者　☑　　少し難易度が高いためMLを知っている人向けだが、概要だけでもML初学者に知っておいてほしいもの

　機械学習は優秀な技術ですが、6.8節で紹介したようにさまざまな問題を抱えています。ここでは、もう一度ルールベース手法と機械学習手法の比較に焦点を当てて、機械学習を使わなくてよい場面、使うべき場面を検討していきます。6.9.1節で機械学習を使うべき場面を検討し、6.9.2節で機械学習手法がルールベース手法に精度面で敗れた例を紹介します。

6.9.1　機械学習をどのような場面で使うべきか

　問題の複雑さとそれを解くためのコスト、モデルが提供する価値の変動について機械学習とルールベース手法を比較します。問題が簡単、もしくは提供価値が低いのであればルールベース手法の方が機械学習よりメリットがありますので、まずはルールベース手法で解決できないかを検討すべきです。注意する必要があるのが**問題を解くことに価値があるのであって、機械学習を使うこと自体に価値があるわけではない**ということです。コンピューターで同じことができるならば、最新の機械学習手法を使ったモデルだろうが、単純なルールを使った手法であろうが価値は同じです。

問題の複雑さと開発コスト

　ここでは、同じ性能（簡単のため、正解率や精度だとします）をもつルールベース手法と機械学習手法を開発コストについて比較してみます（**図**

第6章　機械学習を現場で活用するには

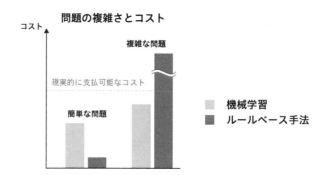

● 図6-28　機械学習とルールベース手法の比較。問題が簡単だとルールベースの方が低コストだが、問題が複雑だとルールベース手法で解決できなくなる

6-28）。簡単な問題だと、データの収集や計算資源の面でメリットがあるルールベース手法の開発コストの方が低いです。簡単な問題というのは、たとえば赤色と青色の画像を見分ける、など人間が認識可能な範囲のルールを作ることでタスクをこなせる問題で、この場合は人間が少し考えて適切なルールを作ればよいだけですので、大規模な計算機も学習データも必要ありません。一方6.1節で取り上げた発注予測のような難しい問題では、手動でルールを作ることは現実的ではありません。この場合は、データと計算資源の問題さえクリアしてしまえば機械学習を活用して計算機に問題を解決させた方がよさそうです。

　これまで何度か説明していますが、機械学習はコストを支払って入出力の近似関数を学習する手法です。機械学習のコストとは、主に学習データの収集コストと学習のコストの2つです（**表6-10**）。

　まず、データのコストについてですが、データ自体を集めてくるコストのほかに、アノテーションをするコストやデータフォーマットを整えるコスト（データの前処理）を考えておかないといけません。学習のコストに関しては、計算資源のコストとモデルの学習や改善を繰り返すことによるコストです。計算資源のコストは巨大な計算資源を必要とする深層学習系では特に重要です。モデル改善のコストに関しては、学習させるモデルによって大きく変わることにも注意が必要です。学習済みモデルを使ったり、最初は比較的扱いやすいモデルを扱ったりすることで、このコストを少し削減できます。また、モデルの改善ループを回すこと

● 表6-10 機械学習のコスト

データに関するコスト	データ収集コスト
	データの前処理コスト
	データのアノテーションコスト
学習に関するコスト	計算資源のコスト
	モデルの学習・改善を繰り返すコスト

自体も考慮に入れておく必要があります。一度学習しただけで所望の性能をもつモデルができることは、ほとんどありません。通常は何度も学習と結果の検証を繰り返して、モデルを改善していきます。このように機械学習は複雑な問題を解ける非常に強力なツールですが、非常に高コストです。そのため、まずは低コストなルールベース手法で問題を解決できないかを検討すべきです。

問題の複雑さと解いたことで得られる価値

　解くことで大きな価値を得られる複雑な問題がある場合、前述のコストを支払ってでも機械学習を導入すべきです。逆に解いても大きな価値を得られない場合は機械学習の導入は前述のコストと見合いませんし、問題が簡単でルールベース手法などで解決可能な場合は機械学習の出番はありません。**表6-11**に示すように、DeepMind社がGoogleのデータセンターの冷却方法の最適化を機械学習で行ったという例があります[72]が、ここで解いている問題は数千の入力情報から120以上の制御を行うことなので、人間が直感的に処理できる範囲を超えており、機械学習の導入を検討するのが良さそうです。また、Googleのデータセンターは非常に巨大なので、機械学習モデル導入によるコスト改善は（正確にはわかりませんが）数千万円や数億円以上の効果があると考えられ、得られる対価としても十分です。

　一方、リモートワーク制度を使って自宅で働いている1人の従業員の部屋をエアコンで最適化する問題を考えてみましょう。ここでの問題設定は1つの入力（従業員の近くにある温度センサー）から1つの制御パラメーターの操作（エアコンの温度設定）を変えるということです。これは人間の直感で処理できる程度に簡単な問題なので、ルールベースの制

	機械学習が活躍できる問題設定	ルールベース手法で十分な問題設定
問題設定	データセンターの冷却	1人部屋の温度の最適化
問題の複雑さ	数千のセンサーによる温度・電力・ポンプ速度などを入力とし、120を超える変数を制御する	1個の温度センサーから、エアコンの設定温度（1パラメーター）を制御する
得られる価値	データセンターの冷却エネルギーを40%削減	1人の仕事効率が3%程度向上する（15万円程度）

御で十分機能しそうです。たとえば、温度センサーの値が設定値より下回れば設定温度を上げ、上回れば設定温度を下げるというフィードバック制御でも十分機能しそうで、問題が簡単なため機械学習の出番はなさそうです。得られる価値についても従業員1人の作業効率が上がる程度なので、そこまで大きな効果はなく、従業員の給与が500万円で作業効率の上昇幅が3%だとすると年間15万円程度です。このような簡単かつ付加価値の低い問題設定に対して、超大規模深層学習モデルと超大規模計算資源をもってきて開発すると、フィードバック制御より良いモデルができる可能性もありますが、この問題を解いたことによる価値を考えると、それらの導入は割に合いません[22]。

機械学習が抱える問題と提供価値変動

6.8節で説明したように、機械学習は種々の問題を抱えていますので、それによって提供できる価値が変動することがあります。ここでは性能（簡単のため精度とします）以外の提供価値の変動についてみていきましょう（**図6-29**、**表6-12**）。

まず、提供価値を高める手法としてモデルの予測結果に根拠などの説明性を付与することがあります。ルールベース手法では、元々が単純なルールで構成されているため説明性の付与を非常に容易に行うことができます。機械学習においても、前節で紹介したGrad-CAMなど何か特殊な技法と追加の計算コストを支払えば説明性を付与することが可能です。たとえば、癌をCT画像から99%以上の精度で予測できるけれども

※22　このような投資をするくらいなら、素直に従業員の給与を上げてやれば、3%以上の作業効率上昇と定着率向上が見込めるので経営者のみなさまはぜひ検討しましょう。

● 図6-29 提供価値の変動。両者とも精度以外にも可視化技術などで付加価値を出すことは可能だが、機械学習はルールベース手法と比較して偏見や学習データ分布外データへの対応リスクが比較的大きい

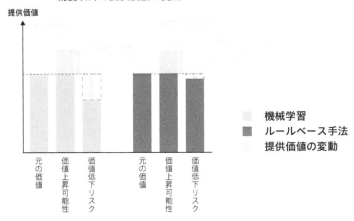

● 表6-12 実運用時の同じ精度をもったルールベース手法と機械学習手法の提供価値変動要因の比較

	機械学習	ルールベース手法
実運用時における学習データ分布外データへの対応リスク	未知の動作をする可能性がある	ルールの範囲内なら対処可能
実運用時の計算資源	手法によっては膨大な計算資源が必要	ほとんど不要
解釈性・説明性の付与	特殊な技法を使えば付与可能	動作が明快なため、そもそも解釈性が高い
偏見の排除	取り除きにくい	比較的取り除きやすい

可視化や説明性がまったくなく、確信度のみを表示するモデルを考えてみます。このモデルは「高い予測精度で癌を予測」という非常に高い価値を提供できますが、その根拠を一切表示できなければ、信頼してよいのかよくわかりません。よって、医療現場への導入は容易に進まないと思われます。逆にもう少し予測精度が低くても、癌と判断できそうな場所を画像内で提示してくれるモデルの方が現場への導入が進むかもしれません。

　しかし、説明性の付与のように提供価値を向上できるものだけではな

く、偏見、実運用時に必要な計算資源、データ変動に対して頑健性が低い、など提供価値を下げるものもあります。機械学習に関してそれを考えてみると、前節で述べたように偏見を取り除きにくかったり、8章で紹介する**短絡学習**（shortcut learning）や、学習データ分布外のデータに弱い、などの性質があるため、それらを考慮すると提供できる価値が低下するリスクがあります。ルールベース手法では、そのような問題が比較的小さいため、提供価値の低下リスクは小さいです。

　複雑な問題を解ける機械学習手法ですが、このようなリスクをはらんでいることを考慮しておかなくてはなりません。ルールベース手法を使うとリスクを小さくできる可能性があるため、部分的にでもルールベース手法を導入するのも1つの手段です。

6.9.2　ルールベースより機械学習の性能が常に優れているわけではない

　複雑な問題が解ける機械学習手法ですが、複雑そうな問題でも常に機械学習が精度面で優れているわけではありません。複雑な問題を世界中から研究者やエンジニアが集まって賞金付きで競い合うKaggleでも、そのような例を見かけることができます。Halite by Two Sigma[23]というKaggleのコンペでは、造船所で造った船で多くの資源を獲得するゲームのAIを作ることを目的としていました。ゲームのAIを作成するということで、囲碁でトップ棋士を倒したAlphaGoやStarCraft2で世界トッププレーヤーに勝利したAlphaStarのように、深層強化学習を使う手法が一見よさそうにみえます。上位入賞者たちも最初は深層強化学習を試みたようですが、結局1位 [73] と2位 [74] はルールベース手法を用いています。Abstraction and Reasoning Challenge[24]という抽象的なタスクを実施するコンペでは、アルゴリズム的な解法を用いたものが上位にきています。このように機械学習が常にルールベース手法に勝てるわけではないので、ルールベース手法を選択肢に入れることは非常に重要です。

※23　https://www.kaggle.com/c/halite/overview
※24　https://www.kaggle.com/c/abstraction-and-reasoning-challenge/overview

第 **7** 章

機械学習の適用事例

本章では、機械学習の活用方法を説明します。機械学習が活用できる分野やその事例、プロジェクトの流れ、課題となりうる部分とその解決方法、類似事例を紹介していきます。読者に機械学習の幅広い活用イメージをもっていただくことで、今後の業務で直面する課題や問題に対して機械学習を用いて柔軟かつ適切に対処していっていただきたいと思っています。なお、ここで紹介している想定技術やプロジェクトの流れは、実際の紹介事例で行われているものではなく、あくまで推察されたものであることにご注意ください。

本章で紹介しているユースケースとキーワードは以下のとおりです。

1. 商品の外観検査（異常検知）
2. 建設現場の進捗確認（物体検知、3D）
3. 街路樹の密度をチェックし、植林支援をする（意味的領域分割、テーブルデータ、ドメイン知識を用いたデータ拡張）
4. 秘密保持契約のチェック（自然言語処理、人との協業）
5. 数値シミュレーションの近似（CAE）
6. 銃声を検知して野生動物を保護する（音響）
7. 長期間気球を滞空させて、過疎地の通信を助ける（強化学習）

7.1

商品の外観検査

本節の 主な対象読者	ML初学者 ✓ （読み飛ばし可）	ML履修者 ✓	少し難易度が高いためMLを知っている人向けだが、概要だけでもML初学者に知っておいてほしいもの

　通常、企業では、人がやっている作業を自動化するために、機械学習の活用を検討することが多いです。製造業における作業自動化の代表例が、画像を使った外観検査です。このような画像系のタスクでは、6.5節で紹介したように深層学習が広く使われています。

7.1.1　メイン事例の紹介

　機械学習を用いて画像検査を行う例は数多くありますが、ここではLanding AI社が提供している目視検査プラットフォームLandingLens[※1]を紹介し、その技術を探っていきます（**図7-1**）。LandingLensは製造業の目視検査用のプラットフォームで、少ないデータで学習ができること

※1　https://landing.ai/platform/

や学習したモデルを簡単にデプロイ（アプリなどで実使用可能にする）
できることを売りにしています。

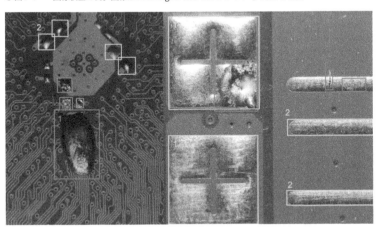

7.1.2　想定される使用技術

　外観検査に使われる機械学習技術としては、**画像分類**、もしくは**異常検知**があります。画像分類は、検査する対象物の種類や不良の種類が固定される場合に有効です。画像分類のタスクは、簡単な検査対象であれば画像処理などを駆使して実装できますが、2021年5月現在深層学習を使ったものが非常に強力です。

　画像分類による外観検査で一番単純な方法には、良品と不良品1,不良品2,…がある場合、それらを分類するモデルを作る方法があります。画像の分類問題は非常に多くの実績がある分野ですので、不良品のカテゴリ数が固定されており、かつ、不良のデータ数がある程度確保できる場合は、コードの実装も容易ですし、有効に対処できます。

　一方、不良品のカテゴリ数が膨大にある場合に分類モデルで対処しようとすると、カテゴリ数（不良カテゴリの数＋良品）が多くなるためタスクが難化し、学習が困難になります。また、学習データには存在しないカテゴリの不良に対して分類器がどのように動作するかは未知数です。

このように不良品のカテゴリ数が多く、もしくは未知の不良カテゴリが出てきやすい問題に対して、分類モデルは不向きです。

このような場合は、良品データを使って「正常」を定義し、その「正常」との距離によって異常を判断する異常検知問題として取り組む方が有効です。分類問題として「正常」「異常」を分類させるアプローチもあります（**図7-2**左）が、**自己符号化器**（autoencoder、図3-2）などの生成モデルを使った良品学習のアプローチ（図7-2右）がよく使われます。自己符号化器を使った手法では、良品のみの学習データの情報を圧縮表現に落とし込み（図7-2の「圧縮表現」）、それから入力画像を復元するように生成モデルを学習させます。不良品（異常な部分を含むデータ）が学習データに含まれていないため、異常な部分を復元できないモデルを学習することが可能です。異常な部分を復元できないモデルを使えば、復元画像から異常な部分が消えますので、入力画像と復元画像を比較すれば異常な部分がわかるという仕組みです。

●**図7-2** 異常検知を行うアプローチの例。青部分はモデルを示す。（左）異常品、良品を通常の分類問題として扱うアプローチ。（右）良品学習のアプローチでは、良品を復元する生成モデルを学習することで、異常な部分を再現できなくさせる。入力画像と出力画像の差分をとれば異常な部分が浮かび上がる仕組み

分類アプローチ

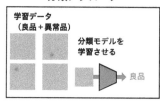

良品学習アプローチ

7.1.3 プロジェクトの流れ

画像から異常を判断するタスクの仮想プロジェクトを実施していきます。ここでは簡単のため、生成モデルを使った良品学習アプローチに絞ります。

課題から機械学習で解決できそうな部分を見つけ、実現性を探る

このケースですと、すでに機械学習で解決できそうな部分を「目視検査を『画像を使った機械学習で代替できそう』」としているので割愛します。前述したように機械学習を使った画像検査は多くの会社で実績があるので、実現性も高そうです。

機械学習で解けるように問題を設定する

上述のように異常検知問題として、画像から不良品を見つけるという問題設定になりました。しかし、6.1節や6.2節で述べたように、精度100%の機械学習モデルを作ることは不可能です。そのため、この問題設定の中でも、機械学習にどの程度任せるかということを細かく決めなければなりません。

検査工程では、不良品を後工程に流さないことが役割です。そのため、不良品と判定したもののうち実際にどの程度が不良品であったのかを示す割合（**精度**[※2]、precision score）よりも、不良品をどの程度見逃さなかったかを示す割合（**再現率**、recall score）の方が、検査工程として重要視されます。よって、モデルの判定精度が少々低くても、不良判定の閾値を下げることで、不良品の見逃しを限りなく小さくし、数を絞って人間に最終判定させるような運用方法で、不良品を後工程に流さないことを達成できます（**図7-3**）。

[※2]　本書の他の部分で出てくる「精度」はこのprecision scoreとは異なり、正解率など一般的な性能指標の意味で使っていることに注意してください。本来は別の語を当てるべきかもしれませんが、precision scoreは精度と一般的に翻訳され、性能指標を意味する「精度」は一般的に通じる意味なので、そのまま使っています。

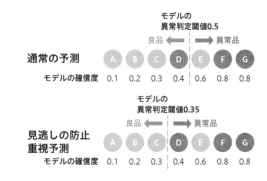

●図7-3　製品A〜Gの検査において、閾値を変えることで異常品見逃し防止を重視した例。（上）通常、正常と異常を判定する確信度（モデルが出力する疑似的な異常確率）の閾値は0.5である。（下）判定閾値を下げることで、精度が同じモデルでも、異常品の見逃し防止に特化した運用が可能

必要なデータを集め前処理をする

　生成モデルを使った良品学習のアプローチをとる場合は、大量の正常データ（良品）と少数の異常データ（不良品）が必要です。正常データを使って学習させ、異常データを使って異常判定の閾値を決定します。学習させるデータ数、つまり正常データの数は、深層学習を使用するならば6.5節でみたように数万以上はほしいですが、著者の経験上数千程度あれば学習自体は何とかできるかもしれません（もちろんタスクの難易度によります）。

　閾値決めや評価に使うデータ数に関しては、当事者が納得できる種類と数が必要です。閾値決めだけであれば原理上1個で設定でき、評価データも1個のデータで（実運用時の性能を無視すれば）スコア自体を出すことは可能です。しかし、それだけでは実運用に耐えうる精度かどうかの判断は困難です。特に評価データの数など、評価の方針は当事者で深く議論する必要があります。また、少ないデータでどうやって納得いく精度保証をしていくかは8.4.2節でみていきます。

機械学習を使って、学習/改善を行う

　生成モデルを使った良品学習のアプローチでは自己符号化器や**敵対的生成ネットワーク**（**GAN**：Generative Adversarial Networks）の人気が

高いです。図7-2で説明したように、そこでは「機械学習モデルは学習したデータ分布上でしかうまく動作しない」という性質を利用しています。モデルの表現能力や閾値の調整を行い、異常な部分だけをうまく再現不能にするように調整をしていきます。

7.1.4 想定される課題とその対策

　検査の対象製品が多種多様であると、それだけ学習が難しくなります。たとえばさまざまな製品に搭載する電子基板10000種をすべて1つのモデルで良品学習をさせる場合です。この場合、多種多様な「正常」があるため、何が「正常」なのかをモデルに学習させることが難しくなります。これはドメインが異なるという問題に帰着することが可能です。8.6.2節で説明するように、ある単一の品種、もしくは似た品種のみで学習させた方が問題として簡単になり、精度が出やすくなります。また、ある製品1つをとっても、場所によってさまざまな形状や色、搭載部品があるため、その製品全体で「正常」を定義（モデルに学習）しにくいことがあります。その場合は、その多様性を絞ることで精度を上げることができます。半導体製品でいうと、ICが乗っている部分、コンデンサが多数搭載されている部分、基板が露出している部分、これらのそれぞれで固有の機械学習モデルを作成します。

7.2

建設現場の進捗確認

本節の 主な対象読者	ML初学者 ☑ (読み飛ばし可)	ML履修者 ☑	少し難易度が高いためMLを 知っている人向けだが、概要 だけでもML初学者に知って おいてほしいもの

　単純に画像を処理するだけでなく、他のシステムと組み合わせてさまざまなものを自動化する取り組みも盛んです。ここでは、機械学習を使った管理の自動化というテーマで事例を紹介します。

7.2.1　メイン事例の紹介

　英国/イスラエルのスタートアップであるBuildots社は建設現場の自動進捗管理サービスを提供しています [76]。このサービスは、ヘルメットに取り付けられた360°カメラから得られた画像と完成予定の建物の3Dモックアップから、組み上げられた部品が適切に取り付けられているかを判断し、間違っているならアラートを上げるというシステムです（**図7-4**）。画像認識ソフトウェアを使って15000種の物体を認識し、それらが適切に取り付けられているかを判別することが可能なようです。さらに、モックアップを得られた情報で更新することで、建設が予定どおりに進んでいるかを確認できます。

● 図7-4　　3Dモックアップと実際の建物の撮影画像。画像はBuildots社のウェブサイト[※3]より引用

7.2.2　想定される使用技術

このサービスで使われていそうな機械学習技術としては、**物体検知**（**図7-5**）があります。物体検知では物体の位置と種類を同時に判定できるため、カメラに写った画像から所定の物体が所定の位置にあるかを判断できます。また、このサービスには物体の3次元的な位置の特定が必要ですが、3次元上の位置を特定できる3次元物体検知（3D Object detection）を使ったり、画像上（2D）における物体検知と多視点から3次元構造を作る**SfM**（Structure from Motion、**図7-6**）や機械学習による深度（距離）推定を組み合わせて位置を特定したりする手法が考えられます。

※3　　https://buildots.com/

●図7-5　物体検知の例。（左）2Dの物体検知の概念図。あらかじめ指定した枠（Bounding box）から前景かつ指定カテゴリに所属するものを出力する。図は［77］より引用。（右）3D物体検知の例。2Dの物体検知では得られなかった奥行きの情報も得られる。画像は［78］より引用

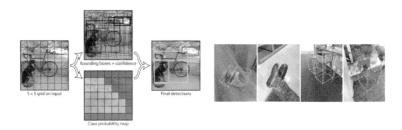

●図7-6　SfMの概念図。多視点の画像から3Dモデルを数理的に作成（機械学習モデルではない）する。図は［79］より引用

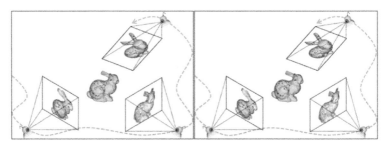

▌7.2.3　プロジェクトの流れ

　このようなサービスを作ろうと思った場合、機械学習を使う部分、使わない部分など、さまざまな機能が必要になってきます。まずは機械学習が必要な部分とそうでない部分の分解から始めてみます。

課題から機械学習で解決できそうな部分を見つけ、実現性を探る

　この自動進捗管理サービス自体がいろいろな機能を組み合わせた大きなサービスなので、機械学習を使って、自動化やコスト削減などのメリットが出せる機能が、このサービス中にあるのかを考えてみます。ざっとサービス全体のソフトウェア面を見ると、①「設計図面から3Dモックアッ

プ作成」、②「カメラの画像から所望の物体の位置と種類を知る」、③「得られた物体の位置と種別とモックアップの情報を組み合わせる」、④「組み合わせた情報から進捗状況や間違いの発生を確かめる」という工程がありそうです。まず、①に関しては図面から決定論的に作った方が良さそうなので、誤りを含む可能性がある機械学習手法は使わない方がいいでしょう。次に③に関してですが、カメラ画像からの自己位置検出などやセンサーを用いればある程度の情報は得られそうなので、わざわざ機械学習を登場させる必要はなさそうです。④は明確な判断基準があるため、機械学習ではなくその基準に従ったルールベースの判定でやった方が良さそうです。

②「カメラの画像から所望の物体の位置と種類を知る」は、記事によると従来人手で調べていた部分ですが、物体検出問題として考えれば、近年盛んに研究や利活用がされている分野で、SfM などの技術も組み合わせれば、3次元的な情報がとれ、人手作業を減らせるかもしれません。また、物体の種類と位置特定を同時にルールベース手法で実施するのは難しいため、機械学習を使った方がよさそうです。

以上を考えると、①〜④のうち②を物体検知問題として機械学習で取り組めそうです。

ここで注意しなければならないのは、必要もないのにわざわざ機械学習を登場させてはならない、ということです。機械学習は高コストであり、推論時にある程度の間違いを許容しなくてはなりません。明確なルールを記述できるのであれば、それらを使う方が無難です。

機械学習で解けるように問題を設定する

機械学習でやりたいことは、「カメラの画像から所望の物体の位置と種類を知る」に決まりました。6.1.2節で述べたように、ここから機械学習で取り組みやすいように、問題を簡単にしなくてはなりません。ここでは、正確に位置を特定できそうかとコスト面の観点から、2つの手法を比較します（**表7-1**）。

	データ収集コスト	学習難易度	位置精度	後処理
3D物体検知	比較的高い 3次元情報が必要	比較的高い	比較的低い	不要
2D物体検知 +SfM	比較的低い 画像上の位置のみ必要	比較的低い	比較的高精度 SfMによる修正が可能	必要

　ここでは、「3D物体検知」と「複数視点それぞれで2D物体検知を行い、それらから3次元位置を推定する」という2つの手法を考えます。

　前者は**3D物体検知**という単一視点の画像（両眼カメラや単眼カメラの場合がある）から物体の3次元位置を特定するモデルで、推論結果をそのまま使う手法です。SfMのように多様な角度の画像があれば決定論的に3次元位置は特定できますが、この技術は単一視点の画像から3次元位置を特定できる技術です。しかし、一般的に画像上のXY位置を特定するタスクより、単一視点の画像から3次元上の位置を特定するタスクの方が難易度は高く、位置予測精度が低下する可能性があります。

　後者は2次元（画像上）位置を特定するタスクと3次元構造を復元するSfMを組み合わせる手法です。カメラをつけて歩き回ることが前提のサービスなので、多視点の画像が得られ、それらからSfMを使って決定論的に3次元位置が特定できます。その3次元位置と物体検知の結果を組み合わせれば、物体の3次元位置と物体の種別が取得できるという仕組みです。多視点の画像が得られるので、わざわざ3D物体検知のように1方向の画像から推論するという難しい問題設定を使わなければならない制限はありません。SfMの後処理が必要になりますが、それらはOpenCVなどの既存ライブラリで簡単に実装可能で、機械学習部分に限っても前述のとおり2次元位置を特定するという、3次元位置を特定するよりも簡単なタスクになります。データ収集に関しても、3D物体検知は学習データとして距離情報が必要になるのに対し、2D物体検知＋SfMは学習データとして距離情報は不要です[※4]。

　以上を考えると、データ収集と多視点画像による3次元構造の復元が可能という観点から、「多視点それぞれで2D物体検知を行い、それらか

ら3次元位置を推定する」という手法を選択する方が低コストでよいものが作れる可能性が高いと考えられます。

必要なデータを集め前処理をする

2D物体検知をする場合は、画像と物体の位置、大きさのデータが必要です。データの数としては、頻繁にベンチマークテストに登場するPASCAL VOC（総計26000程度の物体を含む1万枚の画像データセット）やMS COCO（総計150万程度の物体を含む33万枚の画像データセット）程度のデータ数を集めることができれば理想的です。しかし、これほどのデータ数を集めることは困難なので、転移学習を用いて必要なデータ数を削減する戦略をとるのがよいと考えられます。

機械学習を使って、学習/改善を行う

物体検知は今最も研究が盛んな分野の1つで、日々新たな手法が開発されています。学習済みモデルも多く公開されているため、転移学習を行うことが比較的容易です。ただし、これらの多くは深層学習を用いているので、学習や改善にはそれなりの計算資源が必要です。

7.2.4 想定される課題とその対策

ここでは、このような物体検知や分類問題で頻出する「小さい物体が検知できない」「種類によってデータの数に偏りがある」という2つの課題とその対処法を紹介します。

小さい物体が検知できない

一般的に、論文などで提案される手法はMS COCOなどのベンチマークデータセットで精度が出るように調整されているため、それらのデータセットに含まれる物体のサイズから大きく外れた小さな物体は検知できません。

2021年5月現在では、固定サイズ/固定位置の枠（アンカー）をベースに物体を探す手法（**図7-7**）が主流ですが、そのアンカーのサイズに

見合わないものだとうまく検知できません。

　図7-8はMS COCOのデータの例ですが、これを見ると画像サイズに対してある程度の大きさがあることがわかります。そのため、これらのサイズよりも大幅に小さな物体は、この画像サイズそのままで物体検知モデルに入れても検知することは難しいです。

　そこで、1枚の画像を何個かに分割して小さくした画像で物体検知を行うことを考えます。そうすると、アンカーに対する見かけ上の物体の大きさを大きくすることができ、アンカーのサイズに見合った状態で検知させることが可能です。よって、小さい物体用に再学習させなくともウェブで公開されている学習済みモデルを使うことができます（図7-7右下）。

● **図7-7**　小さい物体（カタツムリ）とアンカー。（左下）物体が小さくてアンカー（青い四角）のサイズと合わず、物体が検知できない。（右下）画像を分割して処理することでアンカーのサイズが物体に合うようになる

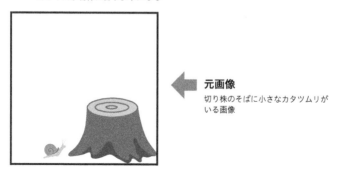

元画像
切り株のそばに小さなカタツムリがいる画像

画像全体で物体検知を行う

画像を4分割して物体検知を行う

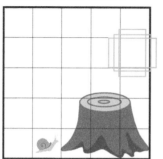 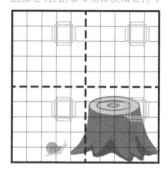

● 図7-8　MS COCOデータセットの例。図は[133]より引用

種類によってデータの数に偏りがある

　物体検知問題だけでなく分類問題にもいえることですが、物体の種類によっては、データの出現頻度が非常に低いものがあります。機械学習では、学習データ全体に対して損失関数を最小化するので、データの出現頻度が低すぎると、パラメーター更新時に無視されてしまいます。そのため、データ拡張や水増しでデータの出現頻度を単純に高くする戦略と、損失関数を改良して少数データを考慮したパラメーター更新を行う戦略の2つが存在します。前者では単純にデータの出現頻度を上げることで、損失関数に対する少数データの影響度を高め、少数データを加味したパラメーター更新を行わせる戦略です。後者は損失関数上で、少数データの影響度を調整する戦略です。詳細は8.6.1節で見ていきます。

7.2.5　類似事例：農業に活用した例

　農業における雑草の除去に物体検知技術を用いた例を紹介します[80]（**図7-9**）。Blue River社は農作物と雑草を見分け、雑草だけに除草剤を散布する技術を開発しています（画像とタスクを考慮すると、物体検知技術を使っている可能性が高いです）。ここで問題になってくるのは、

7

第7章　機械学習の適用事例

綿花などの農作物と雑草の見た目の類似性です。特に除草剤が効果的な成長初期段階において、これらは非常に似ており、素人が見分けることは困難です。そのため、農学者の専門家を雇い、高品質な学習データ作成作業（アノテーション作業）を実施しています。

●図7-9　綿花（緑）と雑草（赤）を区別する。画像は［80］より引用

7.3

街路樹の密度をチェックし、植林支援をする

本節の
主な対象読者

ML初学者 ☑（読み飛ばし可）

ML経験者 ☑

少し難易度が高いためMLを知っている人向けだが、概要だけでもML初学者に知っておいてほしいもの

7.3.1　メイン事例の紹介

　アスファルトなどによる都市部のヒートアイランド現象は公衆衛生上の懸念になりますが、植林によりその影響を低減できます。Googleは航空写真から樹木被覆率（都市における、木や森に覆われている部分の比率）を算出して都市の植林支援をするツールTree Canopy Lab[5]を公開しています。Tree Canopy Labでは、機械学習と航空写真を用いた都市の樹木密度可視化を通して、どこを優先し植林すべきかを示し、行政の植林計画を支援できます。2021年までで合計90000本の植林支援を行っています。航空写真から樹木被覆率を計測できるため、費用と時間のかかる人手調査が不要なところが大きな利点です。

7.3.2　想定される使用技術

　このプロジェクトでは、季節ごとの航空写真とGoogle Earth Engine[6]を用いています。Google Earth Engineでは、気候や温度の衛星データを用いることができますが、色情報（RGB）で表現される航空写真とそれらの組み合わせを用いた**意味的領域分割**（semantic segmentation）を行って、樹木被覆率を算出していると考えられます。

※5　https://blog.google/products/earth/helping-cities-seed-new-trees-with-tree-canopy-lab/
※6　https://earthengine.google.com/

意味的領域分割では、道路、住宅などの同じ意味をもつ領域に画像を塗り分けます。ここで画素ごとに意味領域の疑似確率値をソフトマックス関数で算出しますが、その疑似確率値をそのまま樹木被覆率のヒートマップとして使うことができます。

●図7-10 意味的領域分割の例。画像は脚注※7より引用

7.3.3 プロジェクトの流れ

GoogleのTree Canopy Labでは、樹木被覆率から道路の温度までを算出していますが、ここでも樹木被覆率と表面温度の算出を行うことにします。「植林により都市部の道路などの表面温度の上昇を緩和したい。そのため、植林で改善ができそうな樹木被覆率が低い、かつ道路などの表面温度上昇のリスクが高い部分を、航空写真から見積もれるようにしたい」という課題を仮想的に設定し取り組んでみます。

課題から機械学習で解決できそうな部分を見つけ、実現性を探る

この仮想プロジェクトの目的は「都市行政レベルの植林の優先度を決めるため、樹木被覆率と表面温度の予測を行い、ヒートアイランド現象で高温になるリスクがある地点を見積もる」ことです。樹木被覆率が低く、表面温度が高い地点は、ヒートアイランド現象による熱中症など公衆衛生リスクもありますが、それを植林により低減できます。具体的には、

※7 https://github.com/CSAILVision/semantic-segmentation-pytorch/blob/master/teaser/ADE_val_00001519.png

植林による改善効果が大きそうな地点をこのプロジェクトで見積もることで、行政の植林計画を支援します。

　樹木被覆率を測るデータとして市域の航空写真（色情報のみ、RGB値）があり、温度に関しては、道路や公園を含めた100地点程度の温度計測データと計測日の天気情報を記載したデータがあると仮定します。一番正確なデータを取得する方法は、職員を動員して市域全体の木を数え上げたり、百葉箱をいたるところに設置したりという方法ですが、これは非常に高コストなので何か自動化できる方法を考えてみます。

　まず樹木被覆率の見積もりですが、ルールベース手法で可能かを検討します。樹木被覆率に関しては、緑色や紅葉の色の差分を利用して、春夏秋冬の色の差分から簡単なルールを使って見積もることはできるかもしれませんが、常緑樹と緑の屋根の建物を見分けることは難しそうです。また、撮影時間や季節による光の当たり方の変化を処理することも難しい問題になってきそうです。機械学習を使った手法ですが、航空写真を使った意味的領域分割でウェブ検索をかけるとSpaceNet[8]などのデータセットや、それらを使った研究実績が出てくるので、データ収集コストはかかるかもしれませんが、ある程度の精度で塗り分けできそうです。また既存のデータセットが使えるため、転移学習の活用も視野に入れられそうです（**表7-2**上）。

　表面温度に関しては、周辺の道路や樹木から簡単な数理モデルで見積もれるかもしれません。数理モデルは人間がメカニズムを洞察するデータさえあれば構築できるのが利点ですが、それを構築するため物理などの専門知識が必要ですし、物性データも必要になってきます。ここではそのような専門家がいないという設定で、機械学習を用いてデータの数の力で見積もることを考えてみます。そのデータの専門知識や関連する物理などの専門知識がなくても、データの数さえ揃えておけば、ある程度の予測が可能なところが機械学習のよい点です（表7-2下）。

　少し整理すると、樹木被覆率はルールベース手法が難しそうですが、機械学習の研究実績があり、転移学習が可能そうだという観点から機械学習を活用します。表面温度の算出も、数理モデルを構築できる専門家

がおらず、データのみから見積もる必要があるという観点で、機械学習を活用していきます。以上より、樹木被覆率と表面温度の算出の両方とも機械学習を活用することを考えます。

●表7-2　ルールベース手法と機械学習の比較

樹木被覆率の算出手法	概要	利点	欠点
ルールベース	季節ごとの樹木の色変化を用いて検知する	実装が容易。落葉樹はある程度検知できそう	常緑樹と緑の屋根の建物の区別が難しく、光の当たり方の変化を処理できるか
機械学習	深層学習を用いた意味的領域分割	データセットと研究実績があり、ある程度の精度では可能そう。また転移学習も使える可能性がある	学習データと計算資源が必要

表面温度の算出手法	概要	利点	欠点
ルールベース/数理モデル	何らかの物理的な法則を用いて温度を算出する	物理法則に基づいているので、納得性がある。機械学習より必要データが少ない	物理の知識、アスファルトや土の温度特性などの専門知識を必要とする
機械学習	線形モデルなどを用いて学習させる	データがあれば実行可能	学習データと計算資源が必要

機械学習で解けるように問題を設定する

機械学習による問題解決がより簡単になるように、課題設定を再構築します。まず目標精度について考えてみましょう。この仮想プロジェクトの目的は「都市行政レベルの植林支援」でしたので、行政がこれを使って表面温度が高くなることによるリスク判定（熱中症が起こりやすい場所など）をできれば十分であり、そこまで高精度な予測をしなくても大丈夫そうです。たとえば、意味的領域分割の解像度としては1 m^{2}の解像度と精度が必要というわけではなさそうです。また、温度に関しても市域内での相対値があれば優先度づけが行えそうなので、±3℃程度の精度が必要というわけではないと仮定できます。また、リスクを軽視するよりも過大視する方が行政としては許容されるため、判定の閾値を、リスクを見逃さないよう調整することもよさそうです。

　次に樹木被覆率と表面温度の予測のアプローチを考えてみます。まず樹木被覆率に関しては、表7-2上にあるように意味的領域分割で対応ができそうです。

　一方、温度に関しては、目的変数として100地点程度の温度データ、説明変数として計測日の市域の気温を含む天気情報しかありません。今回の洞察として、アスファルトなどの路面状態がその地点の温度に密接にかかわることが予測できるため、これでは説明変数が不十分です。そこで、樹木被覆率を予測する意味的領域分割モデルを樹木だけでなく、アスファルトや土などの路面情報予測も行うように拡張し、その予測結果を利用することを考えてみます。たとえば、計測地点から半径10mの画素の割合を特徴量として加えるなどすれば、地面の表面状態を考慮した温度予測問題にすることができます（**図7-11**）。

● 図7-11　温度計周囲の状況から特徴量を作った例。右表のオレンジは目的変数、青は説明変数

温度 (℃)	天気予報の 予想気温(℃)	半径10ピクセル 以内の樹木割合	半径10ピクセル 以内の舗装道路 割合	…
36.6	30	0.2	0.0	…
…	…	…	…	…

必要なデータを集め前処理をする

　樹木被覆率に関しては、航空写真を使って意味的領域分割を行うので、航空写真と樹木や住宅、道路などの意味領域を塗り分けたマップのペアデータが必要になります。教師なし学習でそれらを実施する手法もありますが、教師あり学習の方が問題として解きやすく、精度も高くなる傾向にあります。

　また、機械学習を使ったプロジェクトで十分なデータがない場合は、6.4節で説明したように、ウェブ上に公開されているデータセットや学習済みモデルを活用すれば、データ収集や学習のコストを削減できます。た

とえば、高い位置から撮影された画像データセットだと、**SpaceNet** デー
タセットなどがあります。しかし、データセットや学習済みモデルによっ
ては、出力が物体検知用途になっていたり、出力のカテゴリに樹木が含
まれていなかったりするので、そのまま使えない場合もあります。その
場合は、外部データセットで事前学習した後に、今回扱うデータセット
で微調整するなどの対応が必要になります。

機械学習を使って、学習/改善を行う

　まず樹木被覆率を意味的領域分割で算出しますが、直感的にわかりや
すく、よく使われる深層学習モデルとして**U-Net** [81]があります。

●**図7-12**　　U-Netの概観。図は [81] より引用

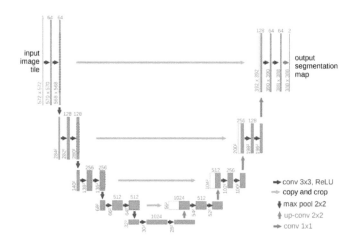

　U-Netは、深層学習で抽象化した情報と、元画像の情報を、スキップ
結合（**図7-12** の灰色矢印部分）により考慮できる深層学習モデルです。
2015年に提案されたモデルですので、多くの改善手法が提案されており、
実装や学習が容易なので初期検討用の手法として使用するのもよいでしょ
う。また、6.3節で紹介したようにドメイン知識として学習の際に色情
報（RGB値）以外の付加情報も入れることが有効な場合があります。今

172

回の場合、季節によって色が変わる部分は樹木である可能性が高いので、その同じ地点の異なる季節での差分情報を付加情報とするなどの工夫が考えられます。

　温度に関しては、テーブルデータなので、簡単な線形モデルやKaggleで優秀な成績を収めているGBDT系の手法（表6-4）を用いることが考えられます。これらの手法は、それぞれの特徴量の重要度がわかりますので、説明性が高いです。モデルの説明性については9章で詳しくみていきます。

7.3.4　想定される課題とその対策

　障害となりそうな問題としては、「データ数が少ない」ことが考えられます。

　意味的領域分割に使うデータは、アノテーションが高コストであるため、深層学習で必要になってくる数万以上の規模のデータを作ろうとするとかなり大変です。そのため、外部データや転移学習を使うことが有効です。この案件に限りませんが、外部データや学習済みモデルの入出力ペアが、所望の形式になっているとは限りません。今回の場合、出力が物体検知など意味的領域分割用途ではなかったり、出力のカテゴリに樹木が含まれていなかったりという状況を指します。しかし、大規模なデータで学習したネットワークのパラメーターは大変有用な場合が多いので、出力層だけを所望の形式に入れ替えて再学習させる微調整を使えば、大規模なデータで学習した知識を、この案件に「転移」することが可能です。また、画像を切り貼りするデータ拡張（**図7-13**）も、データの本質を大きく損なわないため有効だと考えられます。

aug_-319215602_0_-238783579.jpg　　aug_-1271888501_0_-749611674.jpg　　aug_1462167959_0_-1659206634.jpg

aug_1474493600_0_-45389312.jpg　　aug_1715045541_0_603913529.jpg　　aug_1779424844_0_-589696888.jpg

　また、今回扱う温度データのように、手動で計測するデータは高コストのため集まりにくいです。さらに、工夫をしないと±1℃レベルで予測する回帰問題を解かなくてはなりません。ここでは、ドメイン知識を活用して問題を簡単にしつつ、データ拡張でデータを増やしていきます。

　まず、温度の絶対値が知りたいのではなく、リスクの計測が目的であるという点を考えます。すると、±1℃レベルで温度の値を予測する回帰問題を解く必要はなく、その地域の天気予報と比較して差分がどれくらいの範囲か（カテゴリA：±3℃以内、カテゴリB：+3~10℃など）という分類問題へと置き換えることができます。それにより、機械学習で解けるように問題を簡単にしつつ、目的変数に必要な精度を、±1℃レベルから、5~10℃程度と幅をもたせることができます。

　次に、温度データ計測方法の性質上、意味的領域分割の画素レベルの精度で正確に地点情報があるわけではない、という仮定をおきます。また、計測地点の周辺は同じような温度になっている可能性が高いです。そのため、目的変数である温度はそのままに、温度計測地点を少々ずらした入力データを生成する（データ拡張を行う）ことが可能です。計測地点をずらしたことで、計測される真の温度は変化する可能性はありますが、前述したように、温度（目的変数）に必要とされる精度を緩和し

たため、生成されたデータが不適切になるリスクを低減しています。一般的なデータ拡張だけでなく、このようにドメイン知識を活用したデータ拡張も非常に有効な場合があります。

● **図7-14** ドメイン知識を活用したデータ拡張と問題の簡単化。（左）計測地点をずらしたデータ拡張。（右）回帰問題から分類問題に変更し、生成したデータを加えたときのデータの変化

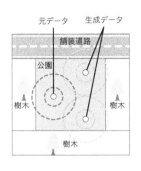

温度 (℃)	天気予報の予想気温（℃）	半径10ピクセル以内の樹木割合	半径10ピクセル以内の舗装道路割合	…
36.6	30	0.2	0.0	…
…	…	…	…	…

温度区分	天気予報の予想気温（℃）	半径10ピクセル以内の樹木割合	半径10ピクセル以内の舗装道路割合	…
A	30	0.2	0.0	…
A	30	0.1	0.2	…
A	30	0.3	0.0	…
…	…	…	…	…

7.3.5 類似事例：CT画像を用いたCOVID-19の診断

2019年末から2021年5月現在まで世界中で猛威をふるっているCOVID-19の診断に意味的領域分割の技術を用いた例 [83]が報告されています（**図7-15**）。樹木被覆率の例と異なり、医療の判断ミスは直接的に命にかかわるため、最終的な判断を機械学習で行うことはほとんどありません。そのため、機械学習のかかわり方としては、スクリーニングでリスクが非常に低い患者の優先度を下げることで、医者がより注力しなければならない高リスク患者への医療リソースを確保する目的や、アラートを上げるといった使われ方などになります。

色の意味：正常部位，すりガラス影，コンソリデーション

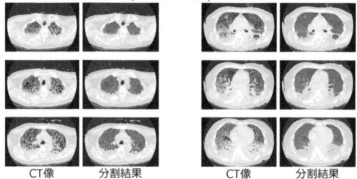

CT像　　　　分割結果　　　　　　CT像　　　　分割結果

7.4

秘密保持契約のチェック

本節の
主な対象読者　ML初学者（読み飛ばし可）☑　ML習熟者 ☑　少し難易度が高いためMLを知っている人向けだが、概要だけでもML初学者に知っておいてほしいもの

　機械学習の利活用において、自然言語処理もよく使われます。ここでは、文書分類の技術を使って**秘密保持契約**（Non-Disclosure Agreement：NDA）を審査するモデルを学習した例を紹介します。

▌7.4.1　メイン事例の紹介

　LawGeex社は、秘密保持契約に問題がないかを審査する機械学習モデルを訓練し、熟練の弁護士よりも良い精度で秘密保持契約を審査する技術を発表しました（**図7-16**）[84]。モデルの精度は94%で、弁護士の精度の85%を上回っており、モデルの推論は人間（92分）より速く、1つの契約を26秒で審査できます。秘密保持契約審査は弁護士が行う業務の中では比較的簡単な部類に属するため、簡単なタスクをモデルに任すことによって、難しく高価値なタスクに弁護士が集中できるようになります。これは1年で1000の秘密保持契約を処理する事務所の弁護士の平均年収が1000万円だとすると、計算資源のコストをいったん無視すると年間約790万円のコスト削減[※9]になります。

※9　1日8時間勤務で1月に20日稼働とした場合の計算です。

●図7-16　秘密保持契約審査におけるAI vs 弁護士。正解率・審査速度ともに機械学習手法の方が
上回っていた。画像は脚注※10より引用

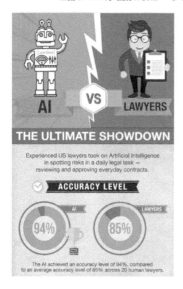
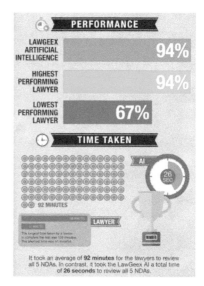

7.4.2　想定される使用技術

　LawGeex社の資料 [84] によると、使われている技術は**LSTM**を用い
た深層学習モデルです。2017年のトランスフォーマーの登場により、
LSTMの出番が減ってしまいましたが、それ以前は自然言語処理分野
で深層学習系というと、LSTMやCNNを用いたものが主流でした。

7.4.3　プロジェクトの流れ

　ここでは文書の審査の何を自動化したいのかというモチベーションの
部分からタスク設計を始めてみます。自然言語処理は機械学習（特に深
層学習）が活躍している分野であり、文書を読むという行為がルールベー
スの処理では限界があるため、最初から深層学習をベースとした機械学
習を視野に入れたプロジェクトを組んでみます。

※10　https://www.lawgeex.com/resources/whitepapers/aivslawyer/

課題から機械学習で解決できそうな部分を見つけ、実現性を探る

まず、何を解決できそうかを考えてみます。自然言語処理は近年かなり高精度になりましたが、一部のタスクでしか人間と同等レベル以上の精度には到達できていません。よって、機械学習に任せるタスクはできるだけ問題設定を簡単にしたものがよさそうです。また、業務量が多いタスクにおいて、良いモデルを作って自動化できれば、その恩恵も大きくなります。そこで、弁護士業務の中で簡単、かつ日常業務として行っている業務量が多い秘密保持契約審査を機械学習モデルで自動化する対象として選びます。秘密保持契約は審査するのに弁護士は92分かかりますが、機械学習モデルは人間に比べるとはるかに高速に処理できるので、1分はかからなそうだということが想定でき、1/92以下に時間を短縮できそうです。

近年リーガルテック（法律と技術を掛け合わせた分野）が進歩して、機械学習を活用した事例も報告されていることから、ある程度実現性がありそうです。

機械学習で解けるように問題を設定する

秘密保持契約のような文書は何ページにも及ぶので、すべてを入力してNG/OKを判定させる手法では、正しく判定するのが難しいです。LSTMのような逐次的に単語を読み込ませる手法では200単語程度の記憶容量しかなさそうなことが報告されており [85]、近年勢いを増しているトランスフォーマー系モデルであるBERTなどでは、文書の長さの2乗の速さで必要メモリ量が増加していくので、文書全体を入力することは現実的ではありません。

ここで秘密保持契約の性質を考えてみると、ある程度書いてある項目が決まっていることがわかります。そのため、各段落に何が書いてあるかを判別したうえで、その段落の専門モデルを作って、それに任せる手法が有効そうです。

また、不備の有無を指摘するだけでは有用な活用ができませんので、どのような不備があるかを指摘する必要があります。GPT-3のような文

書生成モデルを使って、指摘文書を生成することも可能かもしれませんが、常に正しい文書を生成するのは難しい[11]でしょう。幸い、このような文書では指摘事項がある程度固定されているので、8.6.2節で説明するドメインごとの処理のように、ある分野の段落を処理する専門モデルに不備の種類を指摘させた後に、その指摘事項に従ってあらかじめ用意した文書を出力する仕様にしておくと、予測不可能な文書が出てくる可能性がなくなります（**図7-17**）。

● **図7-17** 段落ごとに判別させるモデルの全体図。まず段落ごとに何の話題かをドメイン識別モデルが判定し、その判定結果に基づいて適切なドメイン専門モデルに回す。指摘事項があれば、専門モデルの出力値に基づいてデータベースから指摘事項を読み出してくる

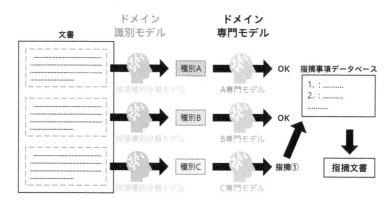

必要なデータを集め前処理をする

　ドメイン識別モデル、ドメイン専門モデルともに分類問題になるので、必要なデータは不備がある契約書と不備がない契約書の2種類になります。ただし、今回は段落ごとに処理をしているため、不備がある契約書でも、正しい段落は正解データとして扱うこともできます。また、文書全部を読ませる必要はないので、正しい段落も意図的に不備にすることで、不正解データの作成もできます。

　また、英語は単語の区切りがはっきりしており、通常の言語系のモデルは単語ごとに入力することを前提としているため、言語系の機械学習

※11　これに限らず機械学習で精度100%は達成困難です。

では英語は扱いやすい言語です。一方で、日本語の場合は英語のような明確な区切りがないため、単語単位で分割するなどの前処理（形態系解析など）が必要になってきます。

機械学習を使って、学習/改善を行う

近年、トランスフォーマーを使った学習済みの言語モデルを活用することが主流になってきています。学習済みのモデルを使えば、比較的少ないデータでも高い精度を達成しやすくなります。

7.4.4　想定される課題とその対策

問題になりうる点として、「珍しいデータへの対応」と「計算資源」が挙げられます。

珍しいデータへの対応

契約書に限らず、珍しいデータが存在することがあります。珍しいデータは数こそ少ないですが、重要度が高いことも多いです。機械学習の場合、データが十分にないと正しく学習ができなくなるので、このような珍しい、かつ重要なデータにいかに対応するかがプロジェクトの成否にかかわってきます。

8.6.1節で説明するように、データの水増しなどで精度を上げることもできますが、珍しいデータかどうかを機械学習モデルに判断させて、珍しいデータ専用の特殊処理を行うことで精度を上げることも有効な手段です。そこで行う特殊処理として、珍しいデータに対応できるルールベース処理を作成して対応することも考えられます。データが少ないと機械学習モデルはうまく学習ができないため、人間のドメイン知識で構成され、学習データを必要としないルールベース手法は強力な手段になります。どうしても機械的に処理するのが難しい場合、珍しいデータはその出現頻度も高くないため、その都度判断を人間に委ねるという対処方法も有効です。

計算資源

　深層学習は大量の計算資源を必要とし、特に自然言語処理で頻繁に使われるトランスフォーマー系のモデルでは巨大になりがちです。学習済みの言語モデルも数多くあり非常に有用ですが、GPUがないコンピューターで動作させることは非常に困難で、場合によっては複数のGPUやTPUを必要とします。LawGeex社が採用しているLSTMのモデルはトランスフォーマー系のモデルより精度は良くないかもしれませんが、個人のノートPCで動作させることも可能かもしれません。実使用状況や、どれだけの精度を求めるのかによって、どちらが最適かは変わってきますので、プロジェクトの最初の方で、計算資源について議論しておくのがよさそうです。

7.4.5　類似事例1：大量のSNSデータを解析することで情報戦を制する

　機械学習を用いて大量のSNS上のデータを処理し、情報戦を戦うという報告[86]があります。この事例では、ある国から発信されるSNSを解析することで、その国の情報機関がどのような意図をもって情報を流布しているかを調査しています。機械学習は大量のデータを処理することに適しているため、SNSなど膨大な情報量から示唆を得たいときに活躍します。機械学習を安全保障分野へ適用することは議論があるところですが、着々と機械学習を用いたツールや兵器が登場しているのが実情です。

7.4.6 類似事例2：火星探査で機械学習に簡単な作業を任せる

　簡単な作業を機械学習にやらせることで、人間がより重要な仕事に注力するという用途では、火星探査のクレーターを見つけるモデルを開発したという報告[87]があります。本節のメイン事例で紹介した秘密保持契約の審査のように、クレーターを見つける作業は専門家でも時間がかかる作業でしたが、機械学習にそれを大量に処理させることで人間に余力ができ、他の重要な仕事に注力することが可能となります。

本節の 主な対象読者	ML初学者 ✓ (読み飛ばし可)	ML履修者 ✓	少し難易度が高いためMLを 知っている人向けだが、概要 だけでもML初学者に知って おいてほしいもの

Computer-Aided Engineering（**CAE**）や**第一原理計算**などの数値シミュレーションは、最新鋭のスーパーコンピューターを用いても計算するのに数日かかることがあります。ここでは、機械学習モデルを数値シミュレーションの出力を近似する「代理モデル」として学習することで、数値シミュレーションによる最適設計探索を高速に行える技術についてみていきます。

7.5.1　メイン事例の紹介

General Electric社では、エンジン部品の流体シミュレーションにおいて、機械学習を使った代理モデルで高速に行うツールを開発したと発表しています [88]。流体計算をするのに2日程度かかる場合もありますが、機械学習を用いた代理モデルを用いることで、わずか15分のうちに数百万もの設計を評価することができるようです。ここで実際に使用されている技術は公表されていませんが、研究レベルでいうと、流体の時間発展を機械学習で扱ったものもある [89]ため、そのような技術を使ったと想定ができます。

7.5.2　想定される使用技術

数値シミュレーションでは、物理法則に従って系の時間発展を記述したり、収束したときの状態を記述したりします。ここでは、数値シミュレーションの入出力を機械学習で近似する、つまり機械学習で「代理モ

デル」を作るという戦略をとっています。数値シミュレーションは小さなメッシュに分けたり、微小な時間発展を多く積み重ねたりするため、非常に時間がかかります。しかし、機械学習はいったん学習させてしまえば素早く出力が出せるため、高速にシミュレーションすることができます（**図7-18**）。

● 図7-18　数値シミュレーションと代理モデルの概念図。数値シミュレーションは物理法則に従って時間を少しずつ進めながら計算していくが、今回扱う代理モデルは一挙に時刻 T における挙動を機械学習モデルで予測する

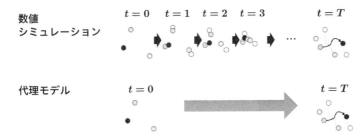

7.5.3　プロジェクトの流れ

　本書は機械学習の活用に重きを置いているため、ここでは流体の時間発展という複雑な問題を記述する流体シミュレーションを扱わず、代わりに万有引力で引き合う質点の時間発展を記述する簡単なシミュレーションを考えます。流体と質点の違いはありますが、運動の時間発展を記述するシミュレーションを高速化するという観点では、議論の本質は変わりません。例として、三体問題のシミュレーションの近似を扱った論文 [90] を参考にしながら、3つの質点が時刻 T でどの位置にいるかを予測するシミュレーションを、機械学習で近似することを考えましょう。

　「初期速度ゼロの等しい質量をもつ3つの質点が2次元平面上に存在し、時刻 T でどの位置にいるかを予測するシミュレーション」は計算時間がかかり、パラメーター調整のために数多くのシミュレーションを回したいが、現実的な時間では難しいという仮想的な問題設定を考えます。

7

第7章　機械学習の適用事例

課題から機械学習で解決できそうな部分を見つけ、実現性を探る

　ここでは、このシミュレーションを、機械学習モデルで近似することで高速化すれば、多くの推論をまわし、良い設計パラメーターが存在している範囲の予測はできそうです。完全に機械学習でシミュレーションを近似できることが理想ですが、あくまで「代理」モデルですので、完全なシミュレーターが機械学習で実現できるとは限りません。現実的な時間でシミュレーションを回したいという問題設定を考えると、精度が少々低くても、「良いパラメーターが存在していそうな範囲」を予測できる程度の精度でも十分です。代理モデルで、良好なパラメーターの範囲を絞り込み、その範囲だけを実際にシミュレーションを回して確かめさせることで、十分に問題を解決できますし、モデルの開発コストも下げることができます。

　わざわざ時間発展の数値シミュレーションを使っているので、簡単なルールでは値が予測できないことが予想されます。今回の例でいうと、このような3つの質点が相互作用する問題は解析的に解けないこと（三体問題）が知られていますので、ルールベース手法による解は厳しそうです。機械学習を使う場合、数値シミュレーションの入力と出力のペアデータがあれば、入出力のパターンを学習することができますし、これより難易度が高い流体の時間発展を機械学習で扱う研究 [89] もあるので、実現可能性も高そうです。

機械学習で解けるように問題を設定する

　データを集めてそのまま機械学習にかけ、代理モデルを作ってもよいですが、6.1.2節で述べたように機械学習に解かせる問題はできる限り簡単にする必要があります。ここでは物理法則を利用して、問題設定を簡単にします。

　物理法則を考慮すると、「初期速度ゼロの等しい質量をもつ3つの質点が2次元平面上の任意の場所に存在している」という問題設定を、重心位置を調整したり、回転させたりすることにより一般性を失わずに簡単にできます。まず、3つの質点の初期速度がゼロなので、この系の重

心は移動しません。そこで、この系の重心を原点と重なるように平行移動します。時間発展しても系の重心は原点から動きませんので、2つの質点の座標から、残りの1つの質点の座標が自動的に決まります。次に、3つの質点のうち1つの座標を**r**とし、**r**と原点を結ぶ直線をx軸と重ね、**r**のx座標が$x>0$にくるように系を回転させます。原点と**r**の距離をrとおくと、**r**のx座標は$(r, 0)$になります（**図7-19**b）。

以上の処理をすることで、物理的な一般性を失うことなく機械学習モデルの入力を7次元（3つの質点のそれぞれのxy座標と予測したい時刻T）から、4次元（1番目の質点のx座標、2番目の質点のxy座標、予測したい時刻T）にすることができました（図7-19c）。重心が原点から動かないことを考えると、出力も6次元から4次元に削減できます。

●**図7-19**　3つの質点の時刻Tにおける位置予測問題。（a）ニューラルネットワークを使った代理モデルの概念図。$t=0$の状態を入力すると$t=T$の状態を出力するモデルになっている。（b）問題を簡単化するための変換。質点1の位置x_iを$(1,0)$におき、3つの質点の重心を原点に置くことで、問題設定が簡単になる。（c）単純に設計したタスクと、bで簡単化された問題設定の比較

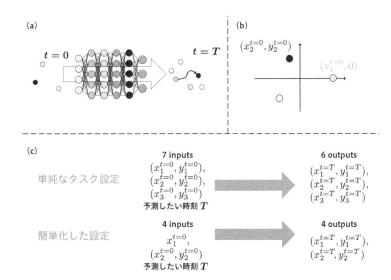

必要なデータを集め前処理をする

使用するデータはシミュレーションの入出力なので、それらを必要な

だけ集める必要があります。シミュレーションソフトの多くは有償であり、企業によって解きたい問題が異なるので、公開データや既存レポジトリを使った転移学習はあまり期待できません。問題設定をできるだけ簡単にすることや、データの数を増やすことが問題を解く鍵となります。

機械学習を使って、学習/改善を行う

代理モデルの学習に使う機械学習モデルは、原理的に何でも問題ありませんが、複雑な機構をもつシミュレーションだと、表現力の高い深層学習モデルが良いかもしれません。流体シミュレーションや分子の性質を予測する量子化学計算では、深層学習を使った手法が成果を上げています [89] [91]。

▌7.5.4 想定される課題とその対策

「物理的に不適切な解が出てくる」「シミュレーションの近似がうまくできない構造がある」という課題が考えられるので、それらに関して考察していきます。

物理的に不適切な解が出てくる

物理シミュレーションは一般的に物理的な法則に基づいて逐次計算を行っているので、物理的に不適切な解は出てきにくい構造になっています。しかし、機械学習でそれを近似してしまうと、そのような物理制約を介せずに近似してしまうため、物理的に不適切な解が出てくる可能性があります。たとえば、この例だとエネルギーの保存則や運動量保存則が満たされない解が出てくるなどです。一番簡単に物理的制約を満たす解を出す機械学習モデルを学習させようと思うと、損失関数に物理的制約を満たすように正則化項で調整する方法が考えられます。具体的にいうと、運動量保存則により、3つの質点の運動量の合計はゼロになるはずなので、運動量の合計がゼロになるような正則化項を追加することで物理制約に従った出力を促すことができます。

また、物理的な法則を介してモデルに出力させることにより、暗黙的

に制約をかける方法も存在します。たとえば論文 [92] では、逐次的に粒子の位置を物理法則に従って更新しています。時刻 t の粒子の位置と速度から時刻 $t+1$ の粒子の位置と速度をそのまま算出する機械学習モデルを学習しても良いですが、この研究では一度ハミルトニアン（質点のエネルギー）をモデルに予測させ、そこから物理法則に従って逐次的に次の時刻の状態を計算しています（**図7-20**）。このようにモデルの予測と物理法則を組み合わせることで物理制約に従った予測をさせることが可能です。三体問題だとあまり計算上メリットがなさそうですが、質点の数 N が多くなるに従ってハミルトニアンの計算に必要な相互作用項の計算量は $N \times (N-1)$ と大きくなっていくので、銀河団の衝突など N が非常に多い系では計算メリットが出てきます。

● 図7-20　紹介した2つの問題設定の違い。（上）論文 [90] では、時刻 T まで一気に飛んで予測値を算出する。（下）論文 [92] では、各時刻で逐次的に位置を更新しながら予測を行う。そのとき、物理法則を介して（ハミルトニアンを微分することで位置と運動量を計算）、次の時刻の状態を算出する

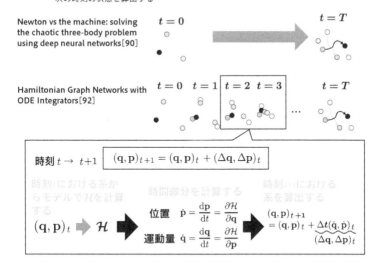

シミュレーションの近似がうまくできない構造がある

　この件に限らず機械学習全般にいえることですが、学習したデータと大きく異なるデータで推論をさせるとうまくいきません。

一般的なCAEでいうと、学習／推論させたい構造でメッシュサイズが異なったり、T字型の部品の応力計算をさせたデータで学習させたのにO字型の部品で推論を行ったりなどです。学習データと推論させるデータの分布が異なるため、学習時の評価と同じような精度を出せる保証がありません。しかし、シミュレーションの強みとして（計算資源があれば）新たなデータを取得しやすいことがあり、著しく精度が低い構造があれば、その領域のデータを集中的に再取得することで、モデルを強化できます。

■ 7.5.5　類似事例：所望の性質をもった分子を得る

上述の例のように、ある構造からその構造の性質を予測する問題とは逆に、ある性質をもった構造を予測する問題を定義できます。この場合、前者を順問題、後者を逆問題といいます。研究 [93] では、ベイズの定理を使って、逆問題を所望の性質をもった分子を生成しています。

ある分子構造Bから性質Aを予測させる順問題は、入出力のパターンを学習することで比較的簡単に学習できます。逆問題は性質Aをもった構造Bの分布を予測するという問題になりますが、これは順問題より難しいです。なぜなら順問題は入力1つに対して出力が1つですが、逆問題では1つの入力に対して多数の出力が考えられるからです。

図7-21のように、トルエンとその性質といったペアがあるとき、順問題はトルエンから「揮発性」「毒性」と性質の有無を予測する問題です。逆問題は「揮発性」「毒性」を満たす分子構造を予測する問題になります。これらの問題を機械学習で解こうとすると、順問題は入力に対して出力が1つなので解くことが可能です。しかし、逆問題は入力に対してトルエン以外の物質も正解となり、2つ以上の出力が考えられるため、うまく機械学習で解くことができません。

これに対して一定の指針を与えてくれるのが**ベイズの定理**です（図7-21右）。順問題を確率で表現すると、$P(A|B)$のように、構造Bをもったという条件付きで性質Aの分布を予測する問題になります。逆問題では$P(B|A)$の分布を求めるのですが、ベイズの定理を利用すると順問

● 図7-21　（左）順問題と逆問題の例。順問題では分子から性質を予測し、逆問題では性質から分子を予測する。（右）ベイズの定理。逆問題を順問題の結果 $P(A|B)$ を使って解くことができる。∝ は比例を表す

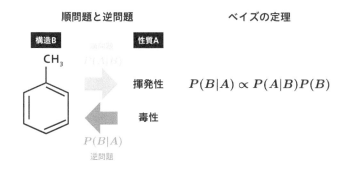

題で得た $P(A|B)$ を使って逆問題を考えることができます。

　研究 [93] では分子の性質の集合 U のうち、ある所望の性質 Y をもつ分子構造 S の分布を、**図7-22** のように求めています。図の説明にあるように、Backward prediction と書いてある部分（左辺）が所望の性質 Y をもつ分子構造 S の分布で、これが求まることにより所望の分子を生成できます。右辺第1項は順問題（Forward prediction）で求めたもので、ある構造 S をもった分子の性質 Y の分布です。右辺第2項の事前分布 $p(S)$ は分子構造の尤もらしい分布を表した項で、この研究では言語モデル[※12] を用いています。

● 図7-22　分子の性質の集合 U のうち、ある所望の性質 Y をもつ分子構造 S の分布を求める概念図。図は [93] より引用

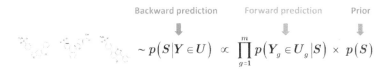

※12　分子構造を文字列で記述する smiles という方式を使っているため、分子構造の尤もらしい分布を言語モデルで記述できます。

7.6
銃声を検知して野生動物を保護する

| 本節の
主な対象読者 | ML初学者

（読み飛ばし可） | ML履修者 | 少し難易度が高いためMLを
知っている人向けだが、概要
だけでもML初学者に知って
おいてほしいもの |

音声認識などのタスクは、自然言語、画像系と同じように深層学習の
恩恵を受けています。ここでは、銃声を検知して密猟者から動物を守る
取り組みを紹介します。

7.6.1　メイン事例の紹介

　国際的な自然保護組織であるZSLとGoogleは、銃声を検知すること
で野生動物を密猟から保護するモデルを開発しています [94]。音声はカ
メラより広範囲の状況をモニタリングできることがメリットで、複数の
音声モニタリング基地で捉えた音響データから銃声を検知し、地図上で
可視化することで注視すべきエリアを特定しています（**図7-23**）。

●**図7-23**　音声モニタリング基地別の銃声の密度の可視化。画像は [94] より引用

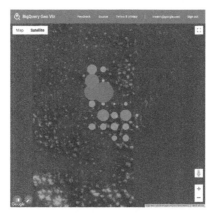

7.6.2 想定される使用技術

まず銃声の検知についてです。森林では密猟者の銃声以外にも動物や水や風などさまざまな音が溢れていますが、記事[94]によると深層学習を使って大量の音響データから銃声の検出を行ったようです。音声認識をはじめとする音声タスクは深層学習の登場で大きく発展した分野[95]で、このように音を規定のカテゴリに分類するタスクを**音声分類**（audio classification）[※13] と呼びます。

次に場所の特定ですが、図7-23のようにマイク（各音声モニタリング基地）を広範囲に配置して、マイクごとに聞こえた回数を可視化してもいいですし、狭い範囲に複数のマイクを置けば各マイクが銃声を拾う時間の差分から場所を決定論的に特定できます（**図7-24**）。どちらも機械学習を使う必要はありません。

● **図7-24** 複数のマイクに到達する音の時間の差分で音源の位置を特定する

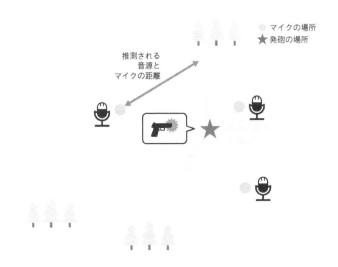

[※13] 「音声認識」というタスクが当てはまりそうですが、こちらは英語が "speech recognition" で、人の発話をテキスト化するタスクです。一方、ここで紹介している事例は人の声をテキスト化するタスクではないので、こちらは当てはまりません。

■7.6.3 プロジェクトの流れ

ここでは、密猟を防ぐパトロールを重点的に行うべきエリアを探すために、「あらかじめ森林に設置された複数のマイクで収集したデータをもとに、銃声の検知と銃声がした場所を特定する」という課題を仮想的に設定し、プロジェクトとすることにします。また、紹介した事例[94]では銃声を分類可能な学習済みモデルを使って銃声を検知していますが、ここでは銃声を分類する学習済みモデルはなかったと仮定してプロジェクトを進めていきます。

課題から機械学習で解決できそうな部分を見つけ、実現性を探る

「森林に設置された複数のマイクを使って、銃声の検知と銃声がした場所を特定する」というタスクでは、位置の特定に関しては図7-23、24で説明したように機械学習を使う必要はありません。銃声の検知はルールベース手法か機械学習で検知していく必要がありますが、ルールベース手法を適用するには音声は複雑なデータ構造をしており、ルールを構築するのは非常にコストがかかるうえ正確な判定ルールができるか疑問です。一方、機械学習を使うアプローチを考えてみると、前述のように音声は深層学習の恩恵を受けている分野であることや、Kaggleの音声分類コンペの上位入賞者も深層学習を使ったアプローチを採用していることから（表6-4）、深層学習を使えば実現できる可能性はありそうです。

機械学習で解けるように問題を設定する

メモリや計算時間の観点から、長時間の音響をそのまま深層学習モデルに入力をすることはできないので、ある固定サイズに音声を分割し、それぞれで判定をしなくてはなりません。RNN系モデルのようにサイズを固定しなくても使える方法もありますが、その場合も長時間の音響データを入力するのは現実的な処理時間で終わらないので、短時間に区切る必要があります。

● 図7-25　スライディングウィンドウの概念図。長時間のデータを一定区間の枠を横にずらしな
　　　　 がらデータ化していく。見やすさのため色をつけた

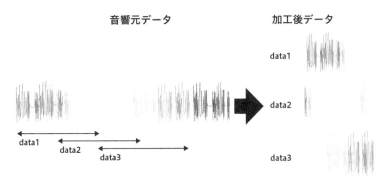

図7-25のように固定サイズにデータをサンプリングする位置をずら
しながら区切りデータを作る方法を**スライディングウィンドウ**（sliding
window）と呼びます。この区切った音響データそれぞれで判定をして
いきますが、データの幅（時間）とデータの密度（音素のサンプリング
密度）を決めなくてはなりません。まずデータの幅ですが、ドメイン知
識を使って決めるのが良いでしょう。今回は銃声を検知したいので、少
なくとも銃声だと判断できる時間（数秒程度）は必要です。データの密
度はタスクによりますが、音声認識（人の声をテキスト化する）の場合
は16 kHz（1秒間に16000個のデータ）を使うことが多い [96]ので、そ
のあたりが基準になりそうです。

必要なデータを集め前処理をする

　銃声の検知をしたいので、教師あり学習のための銃声の音響データが
必要です。森林に設置されたマイクには銃声が入っているとしても、長
時間のデータをすべて人が聞いて選別し、銃声の教師データを作るとい
うのは現実的ではありません。そこで外部データセットで事前学習をさ
せるか、前処理や機械学習の力を借りながら森林の音声データから銃声
らしき音を見つけてデータセットを作ることが考えられます。

　前者の外部データセットを使う方法は、今回の対象のデータセットと
は別のデータセットで銃声検知モデルを学習し、今回の森林の音響デー

タから銃声を検知する手法です。外部データセットは6.4.2節で紹介したような方法で探すことができます。たとえばMivia Audio Events Dataset[14]には銃声カテゴリが含まれていますので、それを利用するのも良いかもしれません。このようなデータセットは前処理されているものが多いので、すぐに学習ができることがメリットです。ただし、森林環境で集音されたものではないので、学習したモデルはうまく動作しない可能性もあります。

　後者の方法は、実際の環境下で取得した銃声データを、前処理や機械学習の予測を利用して収集する方法です。このようなデータでは、いろいろな前処理をしなくてはなりません。まず、何もない環境音が収録されている時間が大半ですのでそれらをノイズとしてデータから排除しなくてはなりません。それらの環境音を排除し（7.6.4節でもう少し詳しく説明します）、動物の声など何かしら意味をもつ音が含まれる部分のみを抽出することで、確認すべきデータ量を削減します。それらの量が多くなければ人間で処理しても良いですし、銃声を含む外部データセットで学習した分類モデルで銃声らしき箇所のみを抽出した後、人間で最終確認することも考えられます。

機械学習を使って、学習/改善を行う

　深層学習は音声データや音響データ[15]においてよく使われているので、深層学習モデルを使った手法を検討してみます。音声や音響は時系列データであり、時系列データ処理にはLSTMがよく使われるので、まずはそれを検討してもよいかもしれません。他の選択肢としては、熱帯雨林において鳥や蛙の鳴き声を検知するKaggleのRainforest Connection Species Audio Detectionコンペにおいて、1〜3位はCNNを使ったモデルを使っているので、CNNを使ったモデルを構築してもよいかもしれません。

　計算速度に関しては、LSTMは逐次的に各時系列情報を処理するため、長い時系列情報を扱うと計算速度が遅くなりがちです。一方、CNNは

※14　https://mivia.unisa.it/datasets/audio-analysis/mivia-audio-events/
※15　音声データは人の声、音響データはそれ以外の音データです。利活用のされ方は、前者のほうが圧倒的に多いため、音データの一般的な話では、音声データを前提にして説明します。

時系列情報を並列して処理する設計が可能なため、長い時系列でも計算を高速化することが可能です。CNNを使う場合はGPUの恩恵を受けやすいので、資金や計算資源があればGPU搭載のマシンで開発をすることをおすすめします。

▌7.6.4　想定される課題とその対策

データが少ないという問題は想定されますが、7.3節で紹介した対処法と基本的に同じですので割愛し、ここでは音声系のタスクで問題となってくる**周囲雑音**（ノイズ）への対処を述べます。

周囲雑音とは川や風の音などタスクに関係のない音のことを指します。また、周囲雑音以外に音声に影響を与えるものとして、音が発せられてからマイクに入るまでの過程などで対象の音自体に影響を与える**回線歪み**があります。周囲雑音と回線歪みの影響は下記のように表すことができます[96]。

$$y = h^* x + n$$

yがマイクで捉えられたノイズを含む音声信号、hは回線歪みを表す線形フィルター、$*$は畳み込み演算、nが周囲雑音、xが元の音声信号です。周囲雑音は音声信号に加算されることから加算性雑音といいます。回線歪みは音声との畳み込み処理で表現され、乗算性雑音といいます。

加算性雑音は、一般的に音声信号に重畳されるので、定常的な雑音を見積もった後に生の音声データからそれを減算することで排除できます。代表的なものは、音声を周波数空間に変換したスペクトル領域で減算を行う**スペクトルサブトラクション**（spectral subtraction）です。

乗算性雑音は、フーリエ変換をすることでスペクトル空間において両者の積として表されます。これの対数をとると、積が和の形になるため、加算性雑音と同様に減算処理をすることで雑音を排除できます。代表的な手法に**ケプストラム平均正規化**（cepstral mean normalization：CMN）があります。

雑音と解析対象である音声との分離は重要な要素ですので、これらのほかにもいろいろな手法が提案されています。

7.7

長期間気球を滞空させて、過疎地の通信を助ける

本節の
主な対象読者

ML初学者 ☑（読み飛ばし可）
ML履修者 ☑
少し難易度が高いためMLを知っている人向けだが、概要だけでもML初学者に知っておいてほしいもの

　ここでは**強化学習**を使った事例を紹介します。一番有名な強化学習アルゴリズムは囲碁のトッププレーヤーを打ち破ったAlphaGoですが、ゲームだけでなくロボットの制御、ウェブ広告の配信、広告クリエイティブ（バナー画像や映像、コピー文言などの製作物）作成などにも強化学習は幅広く使われています。

7.7.1　メイン事例の紹介

　Alphabetの子会社としてかつて存在していたLoon社は、基地局の役割を果たす気球を深層強化学習で制御して、312日間地上の通信基地周辺に滞空させることに成功しています [97]。従前の制御方法より100日程度長い結果です。

　地上の通信基地と交信する必要があるためその上空に滞空させておく必要がありますが、上空では強い風が吹き荒れているため風の流れをうまく利用しなくてはなりません（**図7-26**a）。また、太陽光エネルギーを使っているため夜間はエネルギーを得られず、電池の残量を考慮しながら最適な行動を制御する必要もあります。

● 図7-26　気球の通信基地周辺に滞空を維持させる模式図。(a) 風洞を進む気球の模式図。気球
は異なる高度の風の間を移動することで、指定エリアの近くにとどまる。気球の高度
範囲は上下の破線で示されている。(b) 上から見た気球の飛行経路。地上の通信基地
とその50kmの範囲を水色で示し、矢印は風の流れを表す。風場は常に変化している。
図は [98] より引用

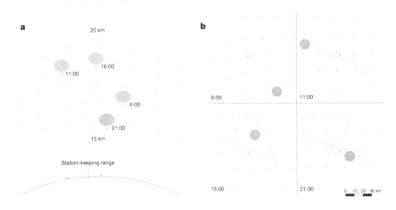

7.7.2　想定される使用技術

　この事例の紹介記事 [97] では、気球の制御に強化学習を使ったと書か
れています。強化学習では、図3-3にあるように「エージェント」と呼ば
れる行動の主体（この場合は気球）がある目的を達成できるように、そ
れを取り巻く周囲の状況である「状態」に合わせてその場その場で最適
な「行動」を予測するモデルを学習させます。ここでの目的は気球が基
地局の役割を果たせるように「気球（エージェント）を地上の通信基地
周辺に滞空させておくこと」です。

7.7.3　プロジェクトの流れ

　ここでは「地上の通信基地周辺に滞空させる気球の制御アルゴリズム
に現在ルールベース制御を使っているが、より良い制御をさせるため機
械学習の力を借りた制御方法を構築する」という仮想プロジェクトを行
います。

第7章　機械学習の適用事例

課題から機械学習で解決できそうな部分を見つけ、実現性を探る

やりたいことは「高度や風の向き、基地との距離や電池残量などの状態（入力情報）によって、その場その場で最適な行動を予測するモデルを構築する」ことです。

「状態」を入力として「行動」を出力させるので教師あり学習でもできそうです。そのためには、ありうる「状態」すべてを網羅した「状態」と「行動」の入出力ペアデータを作る必要があります。しかし、電池残量や高度は離散値ではなく連続値ですし、すべての出現パターンを網羅させるのは現実的ではありません。また、教師あり学習では、その場その場の行動はある程度最適化されますが、それはあくまで短期的な目線によるものです。その行動が長期的な目標を最大化する行動になっているとは限りません。

そこで強化学習を検討してみます。強化学習はゲーム AI で使われているように、状況変化にある程度柔軟に対応して最適な「行動」を出力してくれます。さらに、長期的な視点で目標（地上の通信基地周辺に滞空させておくこと）を実現する行動を学習できます。また、ロボットの制御に使われている例もありますので、気球の制御への適用可能性も高そうです。

機械学習で解けるように問題を設定する

強化学習は「状態」を入力として「行動」を出力するモデルですので、6.2.1節で説明したように、出力である「行動」を適切に判断できるだけの情報が入力データ（状態）に含まれている必要があります。この仮想プロジェクトでは、ルールベース制御である程度の結果を出しているので、そこで扱っている情報をまず入れてみるのがよいでしょう。ルールベース制御はドメイン知識のかたまりですので、6.3節で説明したように、それをモデルに教えることでよい成果が期待できます。

必要なデータを集め前処理をする

　強化学習は試行錯誤しながら学ぶ手法です。もし、試行錯誤したデータが大量にあるならば、**オフライン強化学習**を使うことができます。オフライン強化学習では、蓄積した試行錯誤のデータから最適な行動戦略（方策）や状態の価値を測定する価値関数を学習します。蓄積した試行錯誤データから学んでいくので、教師あり学習と似ていますが、入力（状態）から出力（行動）の近似関数を学習する教師あり学習に対して、オフライン強化学習では価値関数と最適な行動戦略（方策）を学習させている点が異なります。

　前述のオフライン強化学習に対して、環境下でエージェントを動作させて学習する方法を**オンライン強化学習**といいます。今回の場合では、実環境下で気球を実際に飛ばしながら学習させる方法です。オフライン強化学習と異なり、オンライン強化学習では学習した行動に対するフィードバックを得ながら試行錯誤を重ねられることが利点です。しかし、その試行錯誤を毎回実機で行うのは時間もかかりますし、非常に高コストです。そこで実機環境を再現したシミュレーションを使って試行錯誤を行う手法がよく使われます。今回の例では、気流や太陽光、電池など実応用環境を再現したシミュレーション環境が必要になります。

　今回は実環境に近いシミュレーション環境が利用できるとして、シミュレーションを使って強化学習を実施していくことにします。

機械学習を使って、学習/改善を行う

　タスクの難易度によりますが、強化学習は多くの試行錯誤を行うため、非常に時間がかかることが多いです。そこで同時に複数のエージェントに試行錯誤をさせることで学習時間を短縮させる方法がよくとられます（**図7-27**）。

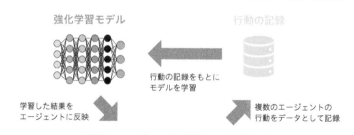

▌7.7.4　想定される課題とその対策

　シミュレーションを使うと実機を使わずに学習できますが、シミュレーション環境と実環境が大きく異なると、学習したモデルが実環境でうまく動かないことがあります。シミュレーションは設定した数理に従って綺麗に動きますが、実環境は想定していない現象の影響など、多数のノイズが含まれています。つまり、データの分布が異なるためうまくいきません。そのため、シミュレーションをいかに実環境に近づけるかが非常に大切で、シミュレーションは実環境をできるだけ再現できるように、慎重に構築していく必要があります。

　Loon社のプロジェクトでは、完全な物理シミュレーションから環境を生成するのではなく、過去の気象観測をもとに大気のデータを生成しています。大気のシミュレーションを行うのもよいですが、計算量が膨大になったり、シミュレーションの設計が不十分だと、不自然なデータになったりする可能性があります。このように、シミュレーションの一部を現実のデータをベースにして生成することにより、計算量を抑えつつ、現実的なシミュレーションが可能になります。

　また、状況はこのプロジェクトと異なりますが、画像を使う学習の場合、実環境画像とシミュレーション画像が異なりやすいため、それらの差分の軽減を行うための研究があります。研究 [100]では実環境の画像とシミュレーションの画像を同じような画像にすることで、変換後の画

像を使ったシミュレーション環境で学習を行っています。これにより実環境でもシミュレーションで行ったような環境でエージェントを動かすことができます（**図7-28**）。

● **図7-28** 実環境とシミュレーション環境（左列）を同じような画像（右列）に変換することにより、実環境とシミュレーション環境の差分を低減している。画像は［100］より引用

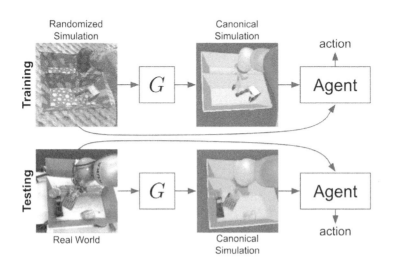

7.7.5 類似事例：多腕バンディット問題

ロボット以外の強化学習の応用先としては、ウェブ広告などの推薦の最適化があります。複数のスロットマシンから得られる利益を最大にする**多腕バンディット問題**（multi-armed bandit、**図7-29**）へのアプローチを広告に応用します。単純なやり方だと、スロットマシンをユーザーに示す広告の候補と考え、どの広告を示すかを強化学習で探索するという方法です。たとえば、Netflix社は多腕バンディット問題の派生系である文脈バンディットのアプローチ方法で、よりユーザーごとに特化した映画を推薦しています［101］。

●図7-29　多腕バンディット問題の概念図。異なる当選確率をもつ複数のスロットマシンがある とき、試行錯誤しながらどのスロットが一番当たりやすいかを見つけることで得られ る報酬を最大化する

第 **8** 章

実運用に耐えうる
機械学習モデルの構築

本章では、どうやって実運用に耐えうる機械学習モデルを構築する
のかを複数のテーマでみていきます。テーマは以下の6つです。

1. 適切に実運用時の精度を見積もる（8.1節）
2. データの多様性を欠いた状態での学習方法（8.2節）
3. 想定外の特徴を使った予測を防ぐ（8.3節）
4. 少ないデータで学習する方法と少ない評価データを使った実運用
   時の精度保証（8.4節）
5. データのラベル間違いへの対応（8.5節）
6. その他頻繁に直面する問題とその対策（8.6節）

8.1

評価データの情報漏洩を防いで実運用時と近い評価をする

　ここでは「適切に実運用時の精度を見積もる」をテーマに、**評価情報漏洩**（data leakage）の問題点と、いかにしてそれを防ぐかをみていきます。機械学習モデルを学習した後に、通常評価データを使って精度などの評価指標を確認します。これを実施する主な目的は「**実運用時の精度を見積もることで、実運用に耐えうるかを評価する**」ことです。しかし、不適切な特徴量を学習に使ったり、学習／検証／評価データの分割を不適切に行ったりすると評価情報漏洩が発生し、実運用時の精度を正しく見積もれないことがあります。ここでは、どのような場合に評価情報漏洩が発生するのか、そして、それの発生をどのように防ぐのかについて説明します。

▌8.1.1　不適切なデータ分割方法による評価情報漏洩

　6.1.3節にて、データを**学習データ**（train data）、過学習の検知などを行う**検証データ**（validation data）、疑似的な未知データとして性能検証をする**評価データ**（test data）の3つに分割する必要があることを説明しました。実はこの分割は慎重に行う必要があり、分割の仕方が不適切だと過学習により実運用時でまったく機能しない機械学習モデルになります。ここでは、どのようなときに過学習が起こってしまうのか、それを防ぐための適切な**データ分割方法**について説明します。

A）実運用時の想定と、適切なデータ分割方法

　一見何も考えずに単純に分割すれば良いように思えますが、データの分割は実運用時の想定に合わせてすべきです。具体的にいうと、実運用データを母集団から抽出する方法と同じような方法で、これらを分割していく必要があります。それを怠るとまったく使いものにならないモデルになる恐れがあります。

　たとえば、2010年から10年分の各地の湿度/温度/降水量などを記録したデータがあり、数日分のデータを入力として1週間先の天気を予測するという問題設定を考えます。その際、とりあえず学習データとして7年分、検証データとして1年分、評価データとして2年分というように割り振るとします。この場合の実運用時の想定は、学習したモデルで（現在データが存在しない）2021年以降の天気を正しく予測する、ということです。この場合、実運用時を想定した際の適切な分割方法の一例は2010〜2016年を学習データ、2017年のデータを検証データ、2018、2019年のデータを評価データに割り振る方法です。逆に不適切なデータ分割方法は、無作為（ランダム）に7・1・2年分のデータを抽出して、学習・検証・評価データそれぞれに割り振る方法です（**図8-1**）。

●図8-1　時系列データの適切、不適切な分割方法

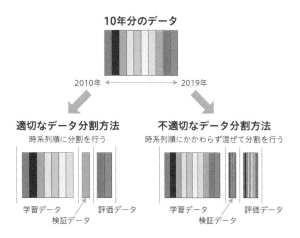

これをしてしまうと、評価データにおいて100%近い性能が出るにも

かかわらず、実際に運用してみると、まったく予測が当たらないという
事態に陥る可能性が高いです。

　なぜこのようなことが起こるかを考えてみましょう。はじめに、機械
学習モデルは入力データxに対して出力yを出す関数だということを思
い出してみます。無作為に抽出してしまうと、連続した日にちのデータ
が学習・検証・評価にそれぞれ割り振られてしまいます。そして、それ
らの連続した日にちのデータは遠い未来や遠い過去のデータと比較する
と、類似度が高いデータになっています（**図8-2**）。

●**図8-2**　データの分割方法と学習の様子。時系列順に分割せずにランダムに分割すると学習デー
　　　　　タと類似度の高いデータが検証データに含まれてしまう

　つまり、本来未知であるはずの評価データや、パラメーター更新に使
われないはずの検証データと非常に似たデータが学習データに含まれて
しまいます。そのため学習データに対して過学習する、つまり学習デー
タをまる覚えしたとしても、検証データ・評価データともに損失が上昇
せずに、精度が100％に近い異常な高精度予測モデルができ上がってし
まうわけです。このような本来未知であるべき情報が学習データに漏れ
ている状態を**評価情報漏洩**（data leakage）と呼びます。

　評価情報漏洩の状況下で学習したモデルは適切な入力データと出力デー
タの関係を学んでおらず、学習データをまる覚えしているモデルになり
やすいです。そのため、実運用時で学習データと異なるデータが来た場
合にうまく動作する保証はありません。一方、適切に分割したデータで

はこのようなことがないため、モデルを正当に評価する準備が整っています（**図8-3**）。

● 図8-3 　学習データに対して過学習すると、適切に分割している検証データでは過学習により損失が上昇する。一方、不適切に分割されている方は検証データに学習データと類似度が高いデータを含んでいるため、過学習によるまる覚えでも損失が上昇しない

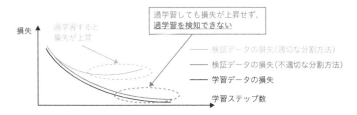

データ分割方法ごとの検証データの損失

産業界の事例でこれに近い問題を考えてみます。たとえば、1つで1000個の製品を含むロット（同じ条件で生産する製品の、製造における最小単位）で試作で作った100ロット分のデータを使い、機械学習モデルを学習させることを考えます。この事例でやりたいことは、実運用時に流れてくる未知の製造ロットに対して高精度な予測モデルを作りたい、ということです。そのため適切なデータ分割方法としては、同じロットのデータは必ず同じデータ分割に入るようにすべきです。たとえばNo.1〜80のロット→学習データ，No.81〜90のロット→検証データ，No.91〜100のロット→評価データのような分割方法が考えられます。このように正しく実運用の精度を見積もりたいならば、実運用を考慮したデータ分割が重要になってきます。

B) 交差検証による分割方法

交差検証（cross validation）と呼ばれるデータ分割の手法も有用です。これはデータを N 個のグループに分割し、1個のグループを評価データ、$N-1$ 個のグループを学習データにすることで、[学習データ，評価データ]の組を N 個作る評価方法です[※1]。それぞれのグループをフォールド

※1 　交差検証では、検証データを用いずパラメーターを更新する学習データとスコアを出す評価データの2つに分割することが多いです。

（fold）と呼び、分割数Nと合わせて**N分割交差検証**（*N*-fold cross validation）と呼びます。交差検証では、N個の組それぞれで学習と評価を行い、N個の評価データで計算した精度などの評価指標の平均をとり、ハイパーパラメーターも含めたその機械学習モデルの評価結果とします（**図8-4**）。1つの組でスコアが高い組が偶然できたとしても、N個の平均をとることでその影響を軽減できます。N回学習する分のコストはかかりますが、信頼性のある評価を行うことができる手法です。さきほどのロットの例でいうならば、ロット番号をN個に分割することで、交差検証による評価が実施できます。

● 図8-4　学習／検証／評価データ分割と交差検証との比較。（左）学習／検証／評価データ分割は1回の学習で評価が完了する。（右）交差検証は評価に分割数分の学習を要するが、それらのばらつき方を見ることで分割方法の正当性が検証しやすい

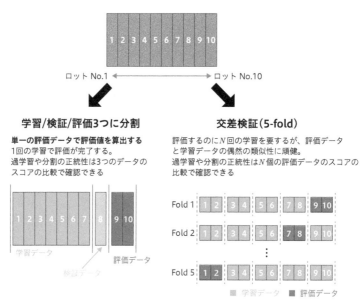

8.1.2　実際には使えない情報を使ったことによる評価情報漏洩

機械学習モデルを学習するためには、予測する対象の変数（目的変数）

だけでなく、入力するデータ（説明変数）が必要です。しかし、説明変数をよく選ばないと、評価情報漏洩を起こす場合があります。ここでは、目的変数取得後に取得可能なデータを入力変数にしてしまったために発生する例を説明します。

　具体的に考えるため、表形式のデータから肺炎を予測するという仮想的な問題をKaggleに掲載されている例[※2]に従い考えてみます。**図8-5**の上段にある表データのうち橙色の「肺炎の罹患」を目的変数として、青色の「年齢」「体重」「抗生物質の使用」などの説明変数から予測する問題です。

● **図8-5** 肺炎予測問題で評価情報漏洩が発生した例。予測（肺炎の診断）の後工程で取得するデータが説明変数に入っているので評価情報漏れが発生する。（上段）仮想データの概観（中段）データの取得過程（下段）最終的にやりたいことの概念図

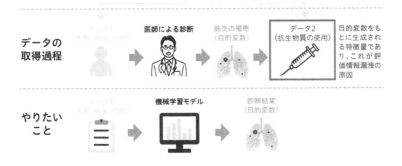

しかし、青色の説明変数のデータをそのまま使って「肺炎の罹患」を予測すると、モデルを調整しなくても高い精度が出る可能性が高いです。なぜでしょうか？

　それは、実運用時には使用できない特徴量「抗生物質の使用」を含んでいるからです。肺炎になると患者は抗生物質を飲みますが、特に他の病気にかかっていない限り抗生物質を飲みません。つまり、この問題で

※2　https://www.kaggle.com/alexisbcook/data-leakage

やりたいこと（肺炎の診断）より時系列的に後に行うことが、入力データに入ってしまっているため、その情報を使えば容易に予測ができてしまいます。

　実運用時にこの特徴量は使えないので、実運用をする直前に気づくとは思いますが、再度モデルを構築しないといけないため非常に手間もかかり、精度も大きく落ちるので実運用時のリスク評価もやり直しになります。モデルの学習の前に、使う特徴量を精査してこのような問題がないかを確かめることが重要です。

8.1.3　学習データ以外の情報を使った前処理による評価情報漏洩

　機械学習モデルにデータを入れる前に、欠損値処理や数値のスケール処理などで生データを処理する必要があります。これらを「（データの）**前処理**（preprocess）」と呼びますが、この前処理は学習データの分布をもとに行わなくてはなりません。もし学習・検証・評価データの情報をすべて使った前処理をしてしまうと、評価情報漏洩を起こします。ここでは、**ターゲットエンコーディング**（target encoding）[11]で、どのように評価情報漏れが発生し、どのような影響があるのかをみていきます。

　なぜ前処理は学習データの分布を用いて行うべきなのかを考えるうえでは、検証データや評価データは、「モデルパラメーター更新に使わなかったデータでどのような評価結果が得られるか」を確かめる目的で使われることを思い出すとよいでしょう。検証データや評価データはモデルの性能の確認に使うものなので、モデル構築のときには見えてはいけないものです。もし検証データや評価データの分布を学習時に使ってしまうと、それらの情報が機械学習モデルに漏れ出てしまい、それらを使った評価が実際以上によく見えてしまう可能性があるからです。この影響をカテゴリ変数の前処理で用いられるターゲットエンコーディングを例に考えてみます。

　カテゴリ変数の処理は、それぞれのカテゴリであるかを0/1の変数に置き換えるワンホットエンコーディングが良く使われますが、カテゴリ数が多いと特徴量が多くなりすぎたり、目的変数との関係性を直接記述

できなかったりというデメリットもあります。そのときは、ターゲットエンコーディングという手法が使われることがあります。ターゲットエンコーディングでは、カテゴリごとの目的変数の平均値をカテゴリ変数の代わりに使うことで、特徴量数を増やさずに、カテゴリ変数と目的変数の関係性を記述します。

　この処理方法からわかるように、データに含まれる目的変数とカテゴリ変数の相関が、エンコードされた値に大きく効いてきます。そのため、学習データのみでエンコードするときと、データ全体でエンコードするときとではまったく値が異なることがあります。たとえば**図8-6**の例では、学習データだけを使用したときに比べて、全データを使用したときの値は、検証・評価データにおいて顕著なカテゴリBと目的変数の相関情報が、エンコードした結果に漏洩してしまっています。この情報漏洩しているエンコード値に対して過学習させると、検証・評価データを使った評価では非常に高い精度を出しますが、評価データの本来の使用目的である未知データに対する疑似評価という役割を果たしていません。

● **図8-6**　カテゴリ変数をターゲットエンコーディング (TE) したことによる評価情報漏洩の例。（上段）サンプルデータ（下段左）ワンホットエンコーディング（下段中）学習データの情報のみを使ったターゲットエンコーディング（下段右）全データの情報を使用したターゲットエンコーディング。検証データと評価データにおいてBと目的変数の関係が漏洩しているため、過学習により両データで良い精度が出る可能性がある

サンプルデータ

目的変数	カテゴリ	…
0	A	…
0	B	…
1	A	…
1	A	…
1	B	…
1	B	…
0	A	…
1	B	…

（学習データ：上から6行、評価データ：下から2行）

ワンホットエンコーディング

目的変数	カテゴリA	カテゴリB	…
0	1	0	…
0	0	1	…
1	1	0	…
1	1	0	…
1	0	1	…
1	0	1	…
0	1	0	…
1	0	1	…

ターゲットエンコーディング（学習データの情報のみを使用）

目的変数	カテゴリ（TE）	…
0	0.67	…
0	0.00	…
1	0.67	…
1	0.67	…
1	0.00	…
1	0.00	…
0	0.67	…
1	0.00	…

ターゲットエンコーディング（全データの情報を使用）

目的変数	カテゴリ（TE）	…
0	0.50	…
0	0.75	…
1	0.50	…
1	0.50	…
1	0.75	…
1	0.75	…
0	0.50	…
1	0.75	…

このように、前処理で学習データ以外の情報を使ってしまうと不当に良い結果が評価データで得られてしまう可能性があります。ターゲットエンコーディングは評価情報漏洩しやすい処理方法なので特に注意が必要ですが、標準化など一般的な前処理でも学習データ以外の情報を使って前処理を行ってはいけません。

8.2

データ拡張による実運用時のばらつき を加味した学習方法

| 本節の
主な対象読者 | ML初学者 | ML履修者 ✔ | 技術的な内容を含むので、
主にML履修者向けのもの |

　ここでは「データの多様性を欠いた状態での学習方法」をテーマに、学習や評価に使うデータに存在しない実運用時のデータの多様性（ばらつき）を、データ拡張によって機械学習モデルに教え込む方法を説明します。8.2.1節では、データ拡張自体の解説と使用する際の注意点を説明します。8.2.2節では、実運用時に想定されるデータのばらつきを、データ拡張でモデルにどのように教え込むかを簡単な例でみていきます。8.2.3節では8.2.2節の内容をもう少し現実的な内容で再考します。

8.2.1　データ拡張とは

　データ拡張（data augmentation）とは、データを変換することで、疑似的にデータを増やす手法です。ここでは、データ拡張の概念と、データ拡張を行ううえで適切な変換と不適切な変換をみていきます（**図 8-7**）。

　図8-7上で示すように、画像などの入力データにある変換を加えたデータを学習データに加えることで、疑似的にデータ数を増やす手法をデータ拡張といいます。データ数が少なくても、データ拡張をすることにより、疑似的にデータを増やすことができるので、モデルの性能を向上させることができます。ここで注意が必要なことは、加える変換は何でも良いというわけではなく、その変換を加えたことでそのデータの性質が変わらないようにすることです。たとえば、0〜9の1桁の手書き文字

を分類するタスク（MNISTデータセット）において、数字を左右反転させたデータ拡張を行うことはあまり適切な手段とはいえません。なぜなら数字を左右反転させたものは、数字として正しく認識されないからです。同じような例でいうと、車の画像を上下反転させるのは、上下反転した車が登場する問題設定を考えていない限り、あまり良いデータ拡張ではありません。

画像以外のデータ拡張で代表的な処理としては、データにノイズを加えるという処理があり、テーブルデータなどに適用できます。この場合も、その処理によってデータの意味が変わってしまわないように注意することが必要です。

● 図8-7　データ拡張の概念と不適切なデータ拡張の例。（上）ラベルの意味が変化しない範囲で画像に変換を加えることで新しいデータを作る「データ拡張」を実施した例。（下）ラベルの意味が変わる変換を与えることは適切なデータ拡張ではない。画像はMNISTとTensorFlowのウェブサイト[3]より引用

データ拡張

元データ　　　　　　　　　　　　　　　変換後のデータ

データのラベルに影響を与えない程度の変換を加える

左右反転
色を変える
拡大する

ラベルに影響を与える変換は
適切なデータ拡張ではない

変換後は適切に「数字」と
認識できなくなるため不可

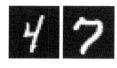

8.2.2　実運用でのばらつきを学習に盛り込んで頑健性を向上させる

ここでは、実運用でのばらつきを既知としたときに、学習データに足

※3　https://www.tensorflow.org/tutorials/images/data_augmentation

りない部分をデータ拡張によって補強し、機械学習モデルがカバーできるデータの分布範囲を広げるという手法についてみていきます。

　データ拡張は、実運用を想定した機械学習モデルの学習においても非常に有用な手段です。データ拡張を利用して、あらかじめ想定できるばらつきを学習データに取り込んでおくことができます。たとえば、画像に写っているものが犬か猫かを分類する2値分類問題を考えてみます（**図 8-8**）。色や写っている場所、角度にはばらつきがありますが、それらはラベル（犬や猫）と相関はないものとします。偶然にも、集められた学習データでは対象の犬猫の色が赤や黒で、犬猫が中央に写っているデータしかとれませんでした。しかし、実運用では犬猫が端に写っていたり、角度がついた画像であったり、紫や緑の犬猫が写っている画像を分類しなければならない場合があることがわかっています。何度か述べたように、機械学習モデルは学習したデータの分布内部ではうまく動作しますが、学習データの分布から外れたもの、つまりこの場合では紫や緑の犬猫や端っこに写った犬猫の画像でうまく動作できる保証がありません。この場合はどのようなデータ拡張をかけてやるのが適切でしょうか。

● **図8-8**　データ拡張により機械学習モデルがうまく動作できる範囲を広げる手法の概念図。（左）元の学習データだけでは、学習データに存在しない実運用時のデータ分布までカバーできない。（右）データ拡張を用いることにより、あらかじめ想定できるデータ分布の変化には対応できる

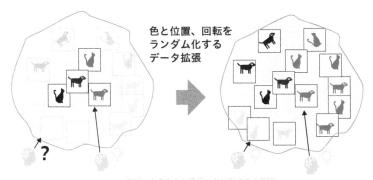

色と位置、回転を
ランダム化する
データ拡張

学習したモデルが意図どおり動作する範囲
ー　実運用時にカバーすべきデータの分布範囲

この場合は、学習データ中の犬猫の色を紫や緑に変えたものや、位置をずらしたもの、少し回転を加えたものを人工的に作成するデータ拡張が有効だと考えられます。実運用時に入ってくる緑や紫の犬猫や、角度がついた画像、端に犬猫が写った画像を学習データ分布に取り込むことができるので、実運用時の精度劣化を防ぐことができます。

8.2.3 産業界で想定される具体例：検査機器のばらつきを加味したモデルを学習させる

もう少し産業界の実情に沿って、「学習・評価データとしては1つの検査機器（検査機器Aとする）で撮影した画像しか使えないが、実運用時は不特定多数の検査機器の画像を処理する」という例を考えてみます。学習時のデータ分布（この場合は検査機器Aから撮影される画像データの分布）と実運用時のデータ分布（この場合は検査機器A以外の検査機器で撮影される画像データの分布）が大きくずれていると、実運用時に精度の大幅な劣化が想定されます（**図8-9**）。

しかし、この検査機器のメーカー保証の範囲から、画像撮影の焦点距離が中心スペックより最大で±aだけずれること、撮影時の光量が中心スペックより最大で±bだけずれることがわかっていたとします。このような場合は、どのようなデータ拡張をかけることが適切でしょうか。

この場合は、メーカーの保証範囲分より多めに焦点距離と光量をばらつかせたデータを作るデータ拡張が有効です。具体的にいうと、データをある範囲で無作為にボケさせたり（焦点を合わせなくする）、明度をある範囲で無作為に変化させたりしたデータを学習データに加えます。これにより、メーカーの保証範囲内のばらつきの範囲内のデータを学習データに含ませることができます。このとき、メーカーの保証範囲よりも大きな範囲でばらつかせると、機械学習モデルがカバーできる範囲がより広くなります。

● **図8-9**　データ拡張により機械学習モデルのカバー範囲を広げていく概念図。（左）学習データ
だけでは検査機器B〜Eで正常に動作する保証がない。（右）焦点距離のばらつき a、
光量のばらつき b それぞれに対して、保証値の2倍である $2a, 2b$ の余裕をもったデータ
拡張をかけて学習させることで、未知のデータのばらつき範囲に対応できるようにな
る

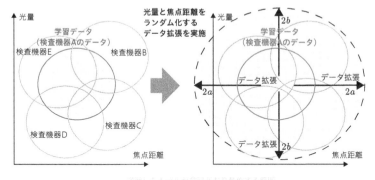

--- **データ拡張により追加された学習データの範囲**

8

第8章　実運用に耐えうる機械学習モデルの構築

8.3

機械学習モデルが出す想定外の 予測結果（短絡学習）を防ぐ対策

| 本節の 主な対象読者 | ML初学者 ☐ | ML履修者 ✔ | 技術的な内容を含むので、 主にML履修者向けのもの |

本節では、人間が意図しない特徴量を使って機械学習モデルが予測を行う**短絡学習**（shortcut learning）[4] という現象をみていきます。まず、8.3.1節では人間が想定しない要素や特徴量を根拠にして学習を進めてしまう短絡学習が、どのようなものかを例示します。次に8.3.2節において、データ拡張によるランダム化や特徴量の削除により短絡学習を防ぐ方法を紹介します。

8.3.1 短絡学習とは

まず**図8-10**を見てください。学習データが左側にあり、推論すべき未知データが中央にあります。中央の未知データの正解ラベルはAとBどちらでしょうか。

形からラベルはAだと予測された方が多いのではないでしょうか。しかし、機械学習でこれを学習させるとBと予測するかもしれません。なぜならば、ラベルを判断する特徴量として、形のほかに物体の位置という情報があるからです。よく図を観察すると、ラベルAでは左上と右下のエリアに物体が配置されていますが、ラベルBでは左下と右上のエリアに物体が配置されていることがわかります。このように想定していな

※4　研究 [103] では、「標準的なベンチマークでは良好な結果を示すが、実世界のシナリオのような、より困難なテスト条件に移行できない決定ルール」と短絡学習を定義していますが、ここでは「本来使うべきではない特徴量を使ったことにより、解けるべき問題が解けない」というように少し広義に解釈して使っています。

い情報で学習してしまうことを短絡学習※5と呼びます [102]。

● 図8-10 短絡学習の例。（左）学習データ（中央）推論すべき未知データ（右）人間と機械学習モデルの予測結果。人間は形状での判断を優先するので形からAと予測するが、この機械学習モデルは位置で判断したためBと予測する。左図は[102]を参考に意図が変わらないように著者が作成

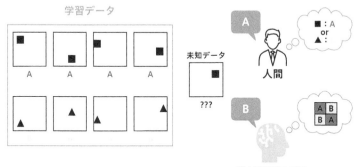

もう少し現実に近い例を挙げると、「人間は画像の中の物体の種別を形状で判断しているが、ImageNetを学習させたモデルは、形状ではなくテクスチャ（表面の質感）で判断していた」という研究結果 [103]があります（**図8-11**）。この研究では短絡学習への言及はありませんが、「形状で判断してほしかったのにテクスチャで判断していた」と考えると、これも一種の短絡学習です。画像の種類を判別するとき、人間は物体の形状を根拠にすることが多いですが、物体の形状や輪郭を判断根拠にすると、図8-11(c)の画像は「猫」と判断できます。しかし、機械学習モデルはそのように判断してくれるとは限りません。この例では機械学習モデルが形状や輪郭ではなくテクスチャで判断しているので、テクスチャが似ている「インド象」と判断しています。

※5 この呼び方は「機械学習がズルしている」という意味合いが含まれています。おそらくイメージとしては評価情報漏洩 (data leakage) に近いです。

● 図8-11 ImageNet学習済みモデルによる短絡学習の例。右の図は、人間が見ると猫に見えるが、機械学習モデルはテクスチャ（表面の質感）で判断しているため、「インド象」と判断し、「猫」という予測は上位3候補にすら上がっていない。図は［103］より引用

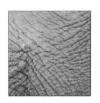 

(a) Texture image	(b) Content image	(c) Texture-shape cue conflict
81.4% **Indian elephant**	71.1% **tabby cat**	63.9% **Indian elephant**
10.3% indri	17.3% grey fox	26.4% indri
8.2% black swan	3.3% Siamese cat	9.6% black swan

　テーブルデータに関しては、思わぬ特徴量を使ってラベルを判断する短絡学習が考えられます。たとえば、健康状態を表したテーブルデータから病気の有無を予測するというタスクを考えたとき、一見無意味な特徴である被験者IDが重要な特徴量として判断されて、それを根拠としてモデルが学習してしまうケースです。これはある種の評価情報漏洩で、被験者IDが予測したい要素（病気の有無）と強い相関をもつ場合（たとえば病気がある人は1000番台のIDをもち、病気がない人は2000番台に割り当てられている）に、このようなことが起きます。

8.3.2　短絡学習を防ぐ方法

　短絡学習は、通常の学習と同じようにデータから特徴を読み取った結果起こっているので、想定外の短絡学習を防ぐことは基本的に難しいです。ただし、あらかじめ想定できる要素で短絡学習をさせない方法はあります。ある要素や特徴量を推論の根拠にさせないために、それをただのノイズとしてモデルが捉えられるような仕組みを作ったり、そのような要素を学習前に削除しておいたりすることで、短絡学習を防ぐことが可能です。ここでは、データ拡張を使って短絡学習を防ぐ方法と、不要な特徴量を削除して短絡学習を防ぐ方法を2つ紹介します。

A）データ拡張を使って短絡学習を防ぐ方法

　ここではデータ拡張を使って短絡学習になりそうな要素をランダム化し、短絡学習を防ぐ仕組みを考えてみます。

　図8-12のデータにおいて、形のみからラベルを判定してほしいが、実運用時に入ってくるデータでは「学習データには存在しない位置に物体を配置されたデータを推論する可能性がある」という状況を考えてみます。ここでは、形以外の情報をモデルの判断根拠にしないことが目標です。このような状況では、位置をランダム化することによって影響を軽減できます。

　ランダム化は、新薬の効果を実証する場面などでよく使われる手法です。新薬を使用するグループとそうでないグループの2つに分け、その新薬によって病状が改善するのかを判断したいのですが、被験者の年齢や性別、健康状態は病状の改善に大きく影響すると考えられます。これらの影響を排除したうえで、新薬の効果を確かめるためには、できるだけ大きなサンプル数で無作為に2つのグループに振り分ければ、理想的には2つのグループの年齢、性別、健康状態の分布が一致するため、実験結果からそれらの影響を排除できます。この手順をランダム化、もしくはランダム化比較試験と呼びます。

　図8-12の例では、形だけからラベルを判断し、物体の位置を判断根拠にしてほしくありません。ですので、位置をさまざまに変化させた人工データをデータ拡張から生み出すことで、ランダム化を実現します。位置をランダム化させると物体の位置をラベルの判断根拠にする学習ができなくなります。このようにして、あらかじめ想定できる要素においては短絡学習を防ぐことができます（図8-12右）。

● 図8-12 データ拡張を用いて短絡学習を防ぐ例。（左）学習データだけでは、位置と形どちらともが判断根拠になってしまうため予測したい左下の図形を正しく予測できない可能性がある。（右）データ拡張を用いて判断根拠にしてほしい形以外の要素（この場合は位置）をランダム化する。これによって、形のみを判断根拠にする機械学習モデルが学習できる

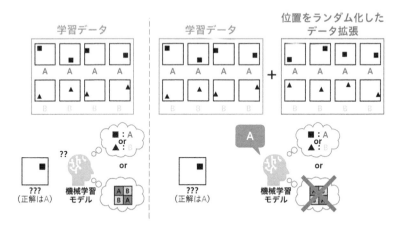

　また、もう少し実際の問題に近い例として、図8-11(c)の画像を猫と判断させることを考えてみます。この場合は、画像のテクスチャよりも写っている形で判断してほしいので、形状の情報を残しつつテクスチャ情報をランダム化しなくてはなりません。それを実現したのがStylized ImageNetデータセット [103]です。このデータセットでは、形状の情報を残しつつテクスチャ情報をランダム化しているので、このデータセットで学習させると形状の情報を重視して画像を判断することができます（**図8-13**）。

●**図8-13** Stylized ImageNetの例。形状の情報を残しつつテクスチャ情報をランダム化したデータセットになっている。このデータセットで学習するとテクスチャ情報は判断根拠になりえないので、形状を重視した学習ができる。画像は［103］より引用

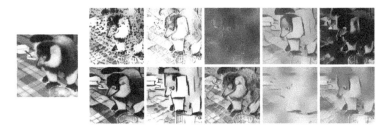

B）不要な特徴量を削除して短絡学習を防ぐ方法

　想定していない特徴量から短絡学習をしてしまう場合もあります。8.3.1節の最後に紹介した「病気の有無が被験者IDから予測されてしまう」という例は、評価情報漏洩の一種であり、病気の有無に従って割り振られた被験者IDという本来機械学習モデルが実運用時に予測する際には使えない情報を使っていることが原因です。これを本来使用すべきでない特徴量から学習したと解釈すると、これは短絡学習が発生したとも解釈できます。良くも悪くも「与えられた入力情報（特徴量）から出力をうまく予測できるように特徴量を選ぶ」というのが機械学習ですので、このようなことを防ぐためにもタスクの本質とは関係のないIDのような情報は削除しておくべきです。似たような例としては、8.1.1節にある図8-1のような時系列データから何かを予測するタスクにおけるタイムスタンプ（データの取得日時など）が挙げられます。このような日時情報が何らかの理由で必要な場合は残すべきですが、8.1.1節のように日時は関係なくそのときの気温などの情報から天気を予測してほしい場合は不必要な特徴量となります。このような特徴量は残しておくと評価情報漏洩や短絡学習につながってしまう恐れがありますので、削除した方がよいでしょう。

本節の 主な対象読者	ML初学者	ML履修者 ✓	技術的な内容を含むので、 主にML履修者向けのもの

大量のデータで学習し、大量のデータを使って評価することが一番良いのですが、実際に機械学習を活用しようとする現場では、そのような状況は多くありません。たとえばある新製品の検査工程で機械学習を活用する計画であるとします。その新製品は量産体制に入っていないので、試作段階の数が少ないデータしか使えないという状況です。そのような状況でも数少ないデータで機械学習モデルを学習させ、さらに数が少ないデータで実運用時（この例の場合は量産）の精度を保証しなくてはなりません。

本節では、このように少ないデータでどのように学習し、どのように精度を保証するかをみていきます。まず8.4.1節でデータが少ないことへの対策として、転移学習やデータ拡張、人工データを活用して学習させることをみていきます。次に8.4.2節で、評価データが少なくてもどこにリスクがあるかを考えることで、機械学習モデルを上限/下限試験で実運用時の精度を担保する方法を紹介します。

8.4.1 学習データが少ない

機械学習を活用しようとすると、学習データとして利用できるデータが少ないことがよくあります。特に深層学習が顕著ですが、データが少ない場合は精度が出にくいです。その場合によく使われる方法として、転移学習やデータ拡張、人工データで学習できるデータを疑似的に増や

すといった方法があります。本節では、それらを紹介します。

A） 転移学習による対応

3.5節で説明したように、**転移学習**とは、あるタスクで学習した機械学習モデルを、別のタスクに転用する手法です。転移学習の目的は「あるデータセットで事前学習した結果得た知見を別のデータセットで学習するときに活かす」ことなので、通常事前学習の対象にするデータセットはImageNetデータセットのようにある程度大きなデータで行うことが多いです。**図8-14**のように事前学習をすれば、ある程度データが少なくともそれなりの性能をもつモデルが学習できます。

● 図8-14　（図3-20の再掲）転移学習の効果。事前学習したモデルを、各カテゴリ1〜100個のみのデータで微調整を行ったときの精度を示している。縦軸は精度、横軸は使用データ数を表す。左の折れ線グラフをみると、転移学習により少ないデータでよい精度をもつモデルを学習できていることがわかる。図は [5] より引用し、著者が注釈をつけた

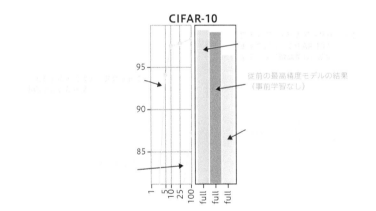

転移学習をさせるには、少なくともデータの入力形式を一致させる必要があります。画像のデータセットを学習させたモデルで転移学習を行う場合、微調整時の入力は画像でなくてはなりませんし、自然言語で学習させた事前学習モデルの入力は自然言語でなくてはなりません[※6]。テーブルデータで転移学習を行う場合、データの形式が同じ（つまり使って

※6　自然言語で学習させた事前学習モデルに、画像をその形式に合うように成形して無理やり微調整させることもできなくはない [132] ですが、それは非常に特殊な例です。

いる特徴量が同じ）であることを要求されます。しかし、原理上できなくはないですがデータ形式が同じになるのは稀な例でしょう。テーブルデータでは、そのタスクに有効な特徴量を作ること自体が精度の決め手になるので、まったく同じタスクでない限り同じ特徴量を使えることは少ないです。

　微調整の具体的な方法についてはいろいろな流儀があるようで、著者の知る限り「絶対にこうやるべき」といった手法は存在しません。しかし、微調整で重み（学習パラメーター）を再学習するときの方法は以下3つのパターンに大きく分かれています（**図8-15**）。

1. 最終層のみを改変（重みを学習により更新）して、それより浅い層は重みを固定する
2. 比較的浅い層の重みを固定し、深い層の重みを学習で更新させる
3. すべての層の重みを学習で更新させる

● **図8-15**　4値分類問題で事前学習し、3値分類問題で微調整した例。（下図左）4値分類問題から3値分類問題に変化しているので、それに対応できるように最終層（出力層）のみを新たな層（重み）で初期化して微調整を行う。（下図中央）浅い層は事前学習で得た重みをそのまま使い、比較的深い層は事前学習の重みを初期値としながら学習で更新する。（下図右）事前学習の重みを初期値としながらも、すべての重みを学習で更新する

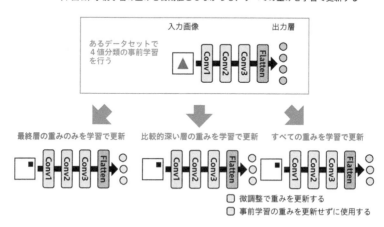

　パターン1と2で浅い層の重みを事前学習で得た重みで固定する意図は、事前学習で得た特徴量抽出器（学習したパラメーター）の、特に浅い部

分にはさまざまなタスクで共通する部分があるからだという洞察に基づいています。たとえばImageNetで学習したモデルの浅い層では、色や曲線など簡単な局所的なパターンを抽出します。一方深い層では顔などのより大域的で抽象度の高い特徴を抽出します（**図8-16**）。深い層で抽出される顔など抽象度の高いパターンは工業製品の画像系タスクでは使えなさそうですが、浅い層で抽出される色や曲線は工業製品の画像系タスクでも活用できそうです。これらの洞察から、浅い層で学習した特徴量抽出器を固定して、抽象度の高い部分を集中して学習させる、という戦略も有効であると考えられます。

● **図8-16** （図3-17の再掲）学習済み画像認識深層学習モデル（InceptionV1）の特徴量抽出器の可視化。図はDistillの記事 [4] より引用。（上）InceptionV1ネットワークの全体図。（下）特徴量抽出器の可視化結果。層が深くなるに従い、特徴量抽出器が取得するパターンが複雑になっていることがわかる

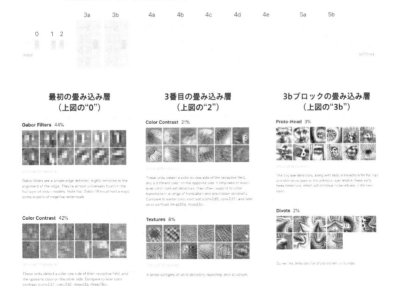

次に、事前学習のデータセットの大きさや事前学習に使うモデルの大きさ（パラメーター数）について見てみます。近年発表された複数の研究[5] [13]をみていると、「事前学習に使うデータセット・（深層学習）モデルともに大きな方がよい」という傾向にあります（**図8-17**）。

第8章　実運用に耐えうる機械学習モデルの構築

●図8-17　事前学習に使うモデル・データセットの大きさで、微調整したときの精度をプロットした図。データセットのサイズは ILSVRC-2012（緑）< Imagenet-21k（青）<JFT-300M（赤）で、4つのグラフの横軸は右にいくほど大きなモデルになっている。大まかな傾向として大きなデータセット×大きなモデルで事前学習するほど微調整後に高い精度になっていることがわかる。図は [5] より引用

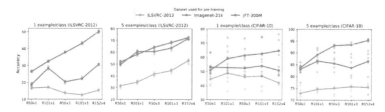

B) データ拡張による対応

　データ拡張とは、8.2節で述べたようにデータに変換を加えてデータを増やす方法です。変換前後でデータの意味が変わらないように注意しましょう。データの意味が変わらないような変換を加えることで、データの量を疑似的に増やすことができ、それによって機械学習モデルの性能を向上させることができます。また、最適なデータ拡張の方法自体も研究のテーマで、いろいろな研究 [14] [15] [16] があります。

　画像データでは、反転、色変化、回転などの変換で画像全体に変換を加えるデータ拡張手法がよく使われます。画像系タスクの1つである物体検知においては、画像全体ではなく個々の部分が意味をもつため、前述の画像データに対するデータ拡張に加えて、画像を切り貼りしたデータ拡張（図7-13）も用いられます [82]。

　もちろん画像系タスク以外でも、データ拡張は広く使われています。翻訳や文書要約などを実施する自然言語処理では、ランダムに単語を消去したり入れ替えたりするデータ拡張手法 [104] や、逆翻訳を利用したデータ拡張手法 [105] が提案されています。音声認識では雑音をデータに加えたり、時間的な伸縮や周波数マスキング（一部の音が聞こえなくなる処理）[106] のようなデータ拡張手法が提案されています。

　もちろんここで述べた以外にも、ドメイン知識、すなわちデータに対する知識を用いて独自のデータ拡張を行うことが可能です。たとえば、人が装着した加速度センサーの時系列データを扱う場合を考えます。加

速度データなので、加速度の大きさや変化の速度が人によって変化することが想定されます。ですので、データ拡張として加速度の大きさや変化の速度を、妥当な範囲で変化させたものを疑似データとして追加することができます。この「妥当な範囲」というのをドメイン知識から決定しなければなりません。

C) 人工データやシミュレーションによる対応

ドメイン知識を用いて**人工データ**を作ることも選択肢の1つになります。たとえば、画像による異常検知モデルを学習させる際に、「製品に黒点が現れる」という異常があるならば、画像に人工的な黒点を乗せたデータを作ることによって、異常データを人工的に作ることができ、それを使って学習させれば性能を向上させられるかもしれません。また、**シミュレーション**環境を利用することも可能です。強化学習を使ってロボットを学習させる事例がありますが、強化学習は何万回やそれ以上の試行錯誤を繰り返して学習させる手法が多いので、実機で試行錯誤をするとロボットが壊れたり、時間がかかるなどの課題があります。そこで実環境と良く似たシミュレーション環境を作ることによって、ロボットを壊すことなく学習させる手法がとられることがあります。

しかし、人工データやシミュレーションは（意図的にそうしない限り）ノイズのない綺麗なデータなので、実際のデータとは性質が異なります。よって、それをそのまま使うことがモデルの性能向上に必ずしも貢献するわけではありません。しかし、そのままでは使えませんが人工データやシミュレーションを実際のデータ分布に近づけることで、それらを「使えるデータ」に変えてうまく活用できます。

まず、人工データですが、たとえば敵対的生成ネットワーク（GAN）[107]を使って、「より本物っぽい」データを作る試み[108]が提案されています（**図8-18**左）。GANを使って新しいデータを直接生成する方法も提案されていますが、そちらはあまりうまくいかないようです[109]。

シミュレーションと実環境のデータ分布を一致させる取り組みの例として、RCAN[100]があります（図8-18右）。これは、実環境とシミュレーション環境両方を、同じようなデータ分布をもつデータに変換してやる

ことにより、実環境とシミュレーションにおいて共通の環境で強化学習をする技術です。シミュレーションによる学習結果を実環境に活かしやすくしています。

● **図8-18** 人工データやシミュレーションを活用した例。（左）人工データをRefinerという生成モデルを使って本物のデータに似たデータに変換している。（右）シミュレーションデータと実環境のデータを生成器Gで同じような環境に変換することで、実環境とシミュレーションの差分を低減している。図は[108]と[100]より引用

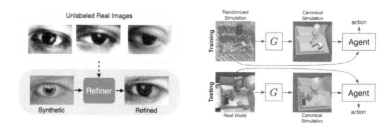

8.4.2 少ないデータで実運用時の精度を担保する

学習データはある程度の量を確保したとしても、評価データが実運用時の規模と比較にならないほど少ない状態で実運用時の精度を保証しなければならない場合がよくあります。たとえば、評価用に確保できるデータは数百程度しかなくて、実運用時に流動する数十万規模のデータを推論したときの精度を見積もらなければならない、という状況です。このような状況で実運用時の精度を担保することはできるのでしょうか。

純粋に数の力だけで評価しようとすると不可能です。しかし、ドメイン知識を用いて「危なそうなところをあらかじめ押さえておく」という手法をとれば、保証の質をある程度上げることができます。

通常、原材料や工作機械などにはスペック値のブレに対する保証値が設けられています。合成樹脂であれば粘度や硬化速度のばらつき、プレス機であればプレス時の圧力のブレ幅などがそれにあたります。スペック値のブレがある方向にいくと製品が不良になる可能性が高くなる、という危険なブレの方向が存在することがあります。その危険なブレの方向のリスク上限値を評価することで精度を担保させるという戦略です。

これを具体的に考えるために検査機器に搭載する四角と星形の製品を分類するアプリ（機械学習モデル）の精度評価をするという簡単な例を考えてみましょう（**図8-19**）。

● **図8-19** 検査機器の保証範囲と検査画像のイメージ図。明るさ、焦点距離がずれると検査画像の品質が悪くなっていく。示している9つの条件のうち、保証の限界値である右上、右下、左上、左下の4条件が最悪条件になる

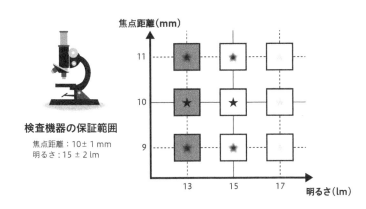

この例では、新規検査機器に乗せる画像分類アプリを、検査機器のスペック中心値を使って開発しています。実際に製造する検査機器は、明るさや焦点距離のスペック中心値から少しばらついていますが、そのままの状態で調整を行わず運用すると仮定します。個々の検査機器で調整を行わないため、製造された検査機器で撮影される画像は、学習データ（スペック中心値で撮影した画像）と比較して少しぼやけたり、明暗が異なるデータになっています。そのばらついた画像をうまく分類できるかを評価したいという問題設定です。

明るさや焦点距離が少しずれたデータが流れてくるという「実運用時に起こるデータのばらつきで、どの程度精度が変化するのか」をいかにして数少ない評価データで評価してやるかというのが、この問題設定で大切な部分です。もう少し具体的にいうと、焦点距離と明るさのスペック中心値である焦点距離10 mm、明るさ15 lm（ルーメン）から、製品の保証範囲内（焦点距離10 ± 1 mm、明るさ15 ± 2 lm）で検査機器のス

8

第8章 実運用に耐えうる機械学習モデルの構築

233

ペックがばらついた場合、モデルの性能がどの程度劣化するのかを評価するという問題です。この場合、判定を間違うリスクが高くなるのは、画像が（焦点が合わずに）ぼやける、かつ、明るさが良くない条件です。この悪条件でのリスクを示すことができれば、実運用時の精度を担保できそうです。

　合計1400個の評価サンプルを明るさと焦点距離の条件ごとに振り分けて評価したのが**図8-20**左です。ここでは検査機器の保証値に従って、考えられる最悪条件で不良検出の精度がどうなるかを評価しています。保証範囲を超えた最悪条件でも90%程度の精度が出ており、実運用時にどのようなスペックの検査機器に搭載したとしても、理論上は検査機器のスペックは黒枠の保証範囲内で収まっているはずなので、黒枠外の最悪条件以上の精度で分類してくれることが期待できます。もちろん明るさと焦点距離以外のリスクがある場合は、この評価だけでは十分ではありませんが、リスクがある程度想定できる場合は有効な評価手段だといえます。何も考えずに1400個のサンプルをスペック中心値のみで評価をした例（図8-20右）と比較すると、評価の質がまったく違います。こちらでは、明るさや焦点距離に対するリスクの大きさがまったくわかりませんし、最悪条件でどの程度正しく判定してくれるかもわかりません。

●**図8-20**　検査機器の評価を1400個のサンプルで行った例。パーセンテージの下の数字は「正解数／評価数」で、太黒枠は検査機器のスペックの保証範囲を示す。（左）リスクに従ってサンプルを割り振った評価。保証範囲外の状況でも90%程度の精度が出ており、実運用時にどのようなサンプルが来ても理論上はこの程度以上の精度で分類ができる機械学習モデルが開発できているといえる。（右）リスクに対する評価がまったくできていない

		明るさ (lm)				
		11	13	15	17	19
焦点距離 (mm)	12	92% (92/100)	-	-	-	89% (89/100)
	11	-	94% (188/200)	-	94% (188/200)	-
	10	-	-	95% (190/200)	-	-
	9	-	93% (186/200)	-	92% (184/200)	-
	8	89% (89/100)	-	-	-	91% (91/100)

		明るさ (lm)				
		11	13	15	17	19
焦点距離 (mm)	12	-	-	-	-	-
	11	-				-
	10	-	-	96% (1344/1400)	-	-
	9	-				-
	8	-	-	-	-	-

　仮にその最悪条件を反映したデータが実在しなくても、データに整形を加えることで疑似的に同じような評価ができます。たとえば、明るさは画像に明度の操作を加えることで再現できますし、焦点距離も画像の解像度を下げることで疑似的に再現できます。このように疑似的に作成した最悪条件でどの程度の精度が出るかを確かめるのも、簡単にできる有効な評価方法です。

8

第8章　実運用に耐えうる機械学習モデルの構築

8.5

ラベル間違いへの対応

本節の 主な対象読者	ML初学者 ☐	ML履修者 ✔	技術的な内容を含むので、 主にML履修者向けのもの

　教師あり学習では、正解を示すラベルの質が非常に重要です。ここで
は、**ラベル間違い**がもたらす影響とその対策についてみていきます。8.5.1
節ではラベル間違いの影響をみていきます。8.5.2節ではそれらの対策と
して、ラベル間違いの影響の低減と間違ったラベルを付けられたデータ
の修正という2つの観点でみていきます。

▍8.5.1　ラベル間違いがもたらす影響

　本節では、ラベル間違いが起こる原因と学習への影響をみていきます。
ラベル間違いは非常に一般的な問題で、画像分類のベンチマークデータ
セットとしてよく使われるImageNetでもラベル間違いが存在すること
がわかっています（**図8-21**) [5]。なぜこのようなことが起こるかという
と、**アノテーション**[※7]自体が難しい仕事であるからという理由がまず挙
げられます。たとえば、ImageNetは画像を1000種に人が分類してアノ
テーションしていますが、犬や猫など単純なカテゴリでなく、細かい分
類が多くあります。それを見分けるためには専門知識が必要ですし、ミ
スも出てきます。間違いを完全になくすことは非常に難しいでしょう。
特に医療データでは高度な専門知識を必要とするため、アノテーション
をする人の習熟度によってアノテーションの品質が大きく変わってきま
す [110]。

※7　データへラベルなどの正解値をつける作業。

● **図8-21** ImageNetのラベル間違いの例。ImageNetのラベルよりモデル（Big Transfer [5]）の予測結果の方が適切と考えられる

モデルの予測	救急車	港	公園のベンチ
ImageNetのラベル	ゴルフカート	紙タオル	コイル

このようなラベルに間違いがある状態で学習をすると、間違ったラベルを付けられたデータがノイズとなり、うまく学習が進みません（**図8-22**）。犬の画像をモデルが正しく分類しても、ラベルが間違って「猫」になっていれば、犬の画像を猫に分類するようなパラメーターの更新が起こり、正しい方向にモデルが学習できません。このような間違ったラベルを付けられたデータを含んだデータセットで学習させる問題設定をNoisy Label Problemと呼びます。

● **図8-22** 間違ったラベルによってうまく学習が進まないことの概念図。（左）正しいラベルだと学習で適切な特徴量が取得できる方向にパラメーターが更新される。（右）間違ったラベルだと不適切な方向にパラメーターが更新される

正しいラベルによるパラメーター更新
「犬」の特徴を、「犬」と判断できるように
パラメーターが適切に更新される

間違ったラベルによるパラメーター更新
「犬」の特徴を、「猫」と判断できるように
不適切なパラメーターの更新が行われる

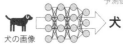

8.5.2 ラベル間違いへの対応

ラベル間違いがあった場合、どのような対策をすれば良いかを以下2つの観点でみていきます。

A） ラベル間違いの影響を低減しながら学習する手法

B） ラベル間違いを機械学習によるサポートのもとで修正する手法

A) ラベル間違いの影響を低減しながら学習する手法

簡単なラベル間違い対策としては、**ラベル平滑化**（label smoothing）が挙げられます [63]。多値分類問題ではあるカテゴリを表すときに、該当カテゴリのみを1に、その他を0にするワンホットラベルを使うのが一般的です。これは該当カテゴリの確信度が100%、その他が0%ということを表しているラベルです。ラベル平滑化では該当カテゴリに割り当てる値を1.0ではなく0.92のような1.0より少し小さい値を割り当てます（**図8-23**左）。

● 図8-23　ラベル平滑化と洪水法の概念図。洪水法の図は [64] より引用

ラベル平滑化

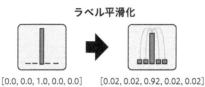

[0.0, 0.0, 1.0, 0.0, 0.0]　　　[0.02, 0.02, 0.92, 0.02, 0.02]

ワンホットラベルでは、正解ラベルが1.0、それ以外は0.0の確信度をもったラベルになっている。ラベル平滑化では正解ラベルの確信度（1.0）を少し小さくし、下げた分を不正解カテゴリに割り振ったラベルを作り、それをターゲットにした学習を行う

洪水法
$$\tilde{J}(\boldsymbol{\theta}) = |J(\boldsymbol{\theta}) - b| + b$$

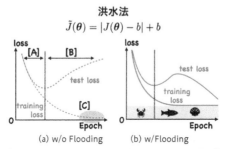

(a) w/o Flooding　　　(b) w/Flooding

損失関数 J が閾値 b を下回らないように、損失関数を修正した損失関数 $\tilde{J}$ を使って学習を行う。左図Bのエリアでは過学習が発生するが、右図の洪水法を使うと学習の損失が一定値を下回らないため、過学習を抑制できる

ラベル平滑化を使うことで、ラベル間違いによる誤った教師信号の影響を低減できます。また、ラベル平滑化はラベル間違い対策だけでなく、正則化手法としても有効です。通常のワンホットラベルでは確信度が99%でも100%になるまでモデルにパラメーター更新を要求しますが、これは過学習を誘発します。そこでラベル平滑化を用いれば、100%に到達するまで確信度を上げてるような過学習を誘発することを防止でき

ます。これをもう少し発展させて、ある閾値で学習サンプルの損失の最小値を決め打ちする**洪水法**（flooding）という手法 [64] もあります（図8-23右）。この手法では、損失に閾値 b を設け、それ以上損失が下がらないように制限をかけることで過学習を抑制しています。

　また、**カリキュラム学習**が有効であることを示した研究もあります[111]。カリキュラム学習は簡単なものから学習し徐々に難しいものを学習させていく学習方法（**アルゴリズム 8-1**）です。簡単や難しいといったサンプル（個々のデータ）の難易度とは、そのデータをうまく推論できるかの難しさを指します。研究 [111] で使われているカリキュラム学習では、まずスコア関数というサンプルの難易度を測定する関数を用いて、サンプルを簡単な順に並び替えます。スコア関数としては、別のモデルで学習させたときの各サンプルの損失の値などを使うことが考えられます。次にペース関数 g を使って、より簡単なものをデータセットから抜き出して学習させ、全部学習させたら少し難しめのサンプルを追加したデータセットをペース関数 g で作成し再度学習させるという手順を繰り返します。ペース関数の選択としては、学習の回数（エポック数）が増えるごとに線形にサンプルを増加させる方法や対数関数的に増加させる方法などが考えられます。

● アルゴリズム 8-1：カリキュラム学習の疑似アルゴリズム[※8]

　入力：モデルの学習パラメーター w、学習データセット $\{x_1, \ldots, x_N\}$、
　　　　スコア関数 s、ペース関数 g

1. # スコア関数 s を用いて、データセット $\{x_1, \ldots, x_N\}$ を
2. # 簡単な順に並び替える
3. $\{x_1, \ldots, x_N\} \leftarrow \text{sort}(\{x_1, \ldots, x_N\}, s)$
4. # 8,10 行目の操作を $t = 1, \ldots, T$ において繰り返す
5. for t in range(T):
6. 　# ペース関数 $g(t)$ を用いて、エポック t で使うサンプルを
7. 　# 学習データセットから簡単な順に選択する
8. 　$X_t = \{x_1, \ldots, x_{g(t)}\}$
9. 　# 選択したデータセットで学習を行い、パラメーター w を更新する
10. 　$w_{t+1} \leftarrow \text{train-one-epoch}(w_t, X_t)$

※8　[111] を参考に作成。

カリキュラム学習の効果を示したのが**図8-24**です。簡単な順に学習させたcurriculumという条件名はラベル間違いが大きい状態（80%）でも成果を上げていることがわかります。なお、anti-curriculum、random-curriculumという条件名はスコア関数に難しい順にサンプルを並べ替えるもの、ランダムに並べ替えるものを使った実験です。standard1〜3はカリキュラム学習を使わずに540回学習させたモデルの平均値、540回の試行結果を3つのグループに分けてスコアが一番高かったグループの平均値、540回の試行のうち上位3つの平均値を示しており、カリキュラム学習の効果が有意にあることがわかります。

● **図8-24**　カリキュラム学習の効果。CIFAR-100データセットにおいて、20〜80%のデータのラベルをランダムに変えて（ラベルを間違いにする）学習した結果。簡単なサンプルから学習させる条件（curriculum）が効果を発揮していることがわかる。[111]より引用

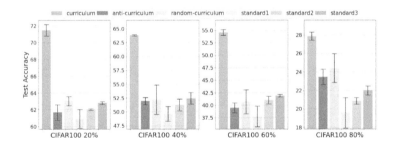

ラベル間違いが疑われるデータを学習中に無視するという戦略も有効だという提案もあります。OUSM [112]という手法では、学習中に大きな損失の値をもつ上位いくつかのデータを学習に使いません。ラベル間違いに対処することが大きな鍵となったKaggleのPANDAコンペ[※9]では、この手法を使ったチームが6位に入賞しています。

B) ラベル間違いを機械学習によるサポートのもとで修正する手法

間違っているラベルを修正することは、非常に有効です。上述したよ

※9　https://www.kaggle.com/c/prostate-cancer-grade-assessment

うなラベルの間違いを許容して学習する手法では、ラベルに間違いがあるデータの情報はほとんど活用できませんが、ラベルを正しくつけ直すことで実質的に使えるデータが増えることになります。ここでは、ラベルに間違いがあるデータの見つけ方と、どのデータを優先して修正すべきかをみていきます。

ラベル間違いされたデータの見つけ方

　正しくラベル付けされていないデータを人手で見つけることは非常に大変です。特に深層学習では数万以上のデータを扱うことが多いので、それを人手で修正すると非常に大きな労力がかかります。ここでは、機械学習モデルの結果や枠組みを使って、労力を削減しながらラベルが間違っているデータを見つける方法を紹介します。

　一番簡単な方法は交差検証などを使って、検証データもしくは評価データにおいて大きな確信度をもって間違っているデータなどを探すことです。検証データや評価データはパラメーター更新に直接関与しないため、モデルが十分に訓練されていればその推論結果は信頼できるものになります。しかし、学習データの推論結果でラベル間違いを見つけようとするのは危険です。過学習により間違ってラベル付けされたデータでも「正しい」推論をしてしまう可能性があるからです。

　交差検証を用いてラベル間違いを探す手順を示したのが**図8-25**です。ここでは5つにデータを分割し、5つの評価データを作ることで過学習の影響を低減しながらラベル間違いを探す方法を示しています。また、先ほど紹介したカリキュラム学習のサンプル難易度やOUSMのサンプルごとの損失の値も参考になります。

交差検証を使ってラベル間違いを見つけるためのデータを集める方法。すべてのフォールド (fold) の評価データを組み合わせることで、過学習の影響を低減した確信度の評価ができる

交差検証(5-fold)

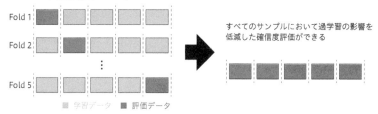

ラベル間違い探索の優先度の付け方

　ラベル間違いを特定するために参考になるサンプルごとの確信度が得られたら、そのサンプルに紐づけられているラベルと照合しながらラベルを直す作業に入ります。しかし、前述したように数万や数十万以上のデータをすべて見るのは非現実的です。そこで前節で得た確信度を参考にしながらラベルを照合していくのですが、大きく分けて2つの戦略が考えられます。

① 正解ラベルと違うものに高い確信度を示しているサンプル、もしくは正解ラベルを示す確信度が非常に低いサンプルを優先して修正し、データセットの品質を向上させる
② 予測ラベルの確信度と正解ラベルの確信度が拮抗しているサンプルを優先して修正し、紛らわしいカテゴリの判別基準を改めて策定する

　まず戦略①ですが、これは単純にラベル付けが間違っている可能性が高いサンプルから手直しするというものです。大量のデータを学習させたモデルの性能はなかなか侮れないもので、それらしい予測結果を出してきます。**図8-26**左にあるような「高い確信度をもつ間違いサンプル」(高い確信度で正解ラベル以外のラベルとモデルに推論されているサンプル)は、間違ってラベル付けされた可能性が比較的高いです。これらを優先的に照合することで、ラベル間違いを効率よく修正できます。また、これらは単なるラベル間違いではなく、**高難易度サンプル** (hard negative samples) の場合もあります。これを発見することで、モデルが何を学習できていなさそうかの知見を得ることもできます。それにより新たな改善施策を思いつくかもしれません。

　次に戦略②に関しては、確信度が拮抗している、つまりモデルが分類に迷っているサンプルへの対処です。モデルが分類を迷っているということは、迷っているカテゴリすべての特徴がサンプルに含まれていることを示唆しており、人間でも迷いやすい微妙なサンプルである場合もあります。また、これらのサンプルは分類の決定境界付近に位置しており、これらのサンプルのラベル付けは決定境界の位置に大きな影響を与えるので（図8-26右）、これらのサンプルのラベルをどう処理していくかは精度に大きく効いてきます。よって、ここでのラベル修正方針は戦略①のように「間違っているサンプルを正す」という方針よりも、モデルが分類を迷っている複数のサンプルを見比べながら「ラベル付けの基準を統一する」という方針に近くなります。たとえば、ラベル0にA、ラベル1にBという特徴量、そして両者に共通して稀に出現するCという特徴量があり、Cをもつサンプルに対してモデルが分類を迷っている（ラベル0とラベル1の確信度が拮抗）とします。ここでは、「Cという特徴量をもつサンプルをすべてラベル0とする」という判断基準を作ってデータセットのラベル全体を修正することで、分類の決定境界をより明確にできます。

8

第8章　実運用に耐えうる機械学習モデルの構築

●図8-26 （左）確信度の違いによる決定境界との距離の概念図。高い確信度をもつサンプルは間
違ってラベル付けされているサンプル、もしくは高難易度サンプルである可能性が高い。
（右）決定境界付近のサンプルが及ぼす決定境界への影響の概念図。黒いクエスチョンマー
ク部分のラベルが変化することで分類の決定境界の配置に大きな影響を与えることが
わかる

高い確信度をもつ間違いサンプルと　　**決定境界付近のサンプルのラベルが**
比較的低い確信度をもつ間違いサンプル　　**変化することによる決定境界の変化**

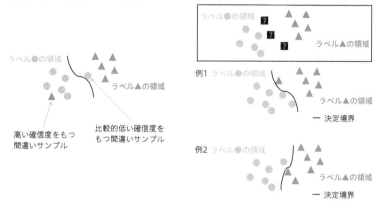

　戦略①と②どちらを優先して実施するかというのは状況によって変わっ
てきます。間違っているラベルが非常に多くて学習自体がうまくできな
いような状況では、「間違ったラベルの影響を低減しながら学習する手法」
で紹介したラベル間違いに対処できる手法を駆使しつつ、戦略①を逐次
的に実施していき、学習データの品質を徐々に上げる方法が有効だと考
えられます。人間がみても判断が分かれるサンプルが多く含まれること
がわかっている場合は戦略②を優先的に実施する方法がよさそうです。

8.6

その他利活用時に問題になりそうな事項とその対策

本節の
主な対象読者

技術的な内容を含むので、
主にML履修者向けのもの

ここでは、8.5節までで紹介したもの以外に利活用のときに問題になりそうなことと、その一般的な対策をみていきます。テーマは以下のとおりです。

1. 稀少なデータ種（データのカテゴリ）が存在する
2. データ分布が異なるものを扱う
3. 欠損値への対応
4. モデルがメモリに乗らない/推論速度が遅い

8.6.1　稀少なデータ種が存在する

稀少だが重要なデータ種（データのカテゴリ）が存在する場合がよくあります。異常検知や医療データの文脈でいうと、「異常」を示すデータは非常に稀少になりがちですが、それ自体を検知したいのでそのカテゴリのデータは非常に重要です。データが少ないと、学習時にそれらの比重が少ないために、モデルがそれらを無視したり、精度が低くなったりします。なぜならば、機械学習では学習データの損失を最小化することで学習をしているので、稀少データを無視して学習データの大半を占める非稀少データで損失を最小化すれば、学習データにおける損失最小化が達成できてしまうからです。学習データ全体でそれを防ぐためには、モデルに稀少データの存在を認知させる、つまり稀少データが損失に影響を与えるようにならなければなりません。そのため、稀少データへの

主な対策としては、「稀少データを増やす」「パラメーター更新時に稀少データを重視した更新をする」という2つがあります。

A) 稀少データを増やす

一番単純な方法は、稀少データを水増しする方法です（**図8-27**右上）。機械学習モデルがパラメーター更新時に無視できない量になるまで稀少データを水増しすることにより、稀少データを考慮した機械学習モデルになることが期待できます。データの水増しの方法としては、単純に増やしてみたり、データ拡張をかけつつ増やしたりします。大事なのは、モデルのパラメーター更新に影響を与える程度まで増やすことです。非稀少データが100万個、稀少データが10個の場合に稀少データを100個まで水増ししてもあまり意味がありません。

●**図8-27**　稀少データを学習させる戦略の概念図。ここでは■を非稀少データとし、★を稀少データとする。（左）このまま学習させるとデータ数が大きく異なるため、■の損失関数（L_{sq}）に対して、★の損失関数（L_{star}）が小さくなり、稀少データ★を無視した学習が行われがちになる。（右上）稀少データを水増しする方法で、稀少データ★の損失関数の影響度を上げる手法。（右下）1より大きな係数をかけることで、稀少データ★の損失関数の影響度を上げる手法

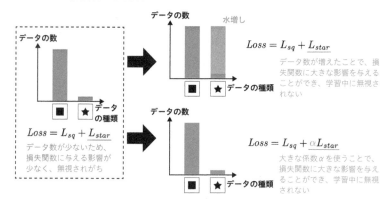

B) パラメーター更新時に稀少データを重視した更新をする

この方法はデータの水増しを介さずに、損失関数を修正することで直接学習データの損失への稀少データの影響度を上げる方法です（図8-27

右下）。図のように適当な係数を稀少データの損失関数にかけてやることで、損失関数における稀少データの影響度を上げられます。実運用上は、データの比率に応じた係数を損失関数にかけてやる方法がよく使われれます。たとえば、データ種Aの数が10、データ種Bの数が1である場合、その逆比をそれぞれの損失関数に掛け合わせてやると、データ種Aに対しては0.1の係数、データ種Bに対しては1の係数をかけることになり、データ数が異なるという影響を低減できます。

8.6.2　データ分布が異なるもの（取得した地域の違いなど）を扱う

データ取得元のデータ分布、つまりデータの取得ドメインが異なるデータを使わないといけない場合もあります。たとえばデータ中に、アメリカ西海岸／日本／南アフリカで取得した3種類の気象データが存在する、同じMRI画像でも違う医療機器メーカーの機器から取得している、株価データにおいて好景気時のものとCOVID-19によるパンデミック下のものが混ざっている、などの状況です。これらの例のように、データの種類としては同じ（同じ特徴量をもつ）ですが、データの性質が異なるものがあります。異なるドメインを用いる場合は、以下の2つの問題に集約でき、それぞれについて対策をみていきます。

A） 学習データにおいて複数のドメインが存在する場合
B） 機械学習モデル学習時と実運用時でデータ分布が異なる場合

A）学習データにおいて複数のドメインが存在する場合

複数のドメインを含む学習データで学習させると、うまくいかない場合があります。医療データの例でいうと、異なる医療機器メーカーの機器で撮影したMRI画像を使った場合です。もちろん一緒くたに学習させて（**図8-28**左）うまくいく場合もありますが、多くの場合ドメインの差分を考慮した方がよいです。なぜうまくいかないかというと、ドメイン間で輝度やコントラストが大きく異なると、片方のドメインでは有効な特徴量抽出器を学習できたとしても、もう片方でまったく役に立たず、

うまく特徴量が抽出できないことがあるからです。これらの問題を**ドメインシフト**（domain shift）問題と呼びます。

●**図8-28**　ドメイン汎用モデルとドメイン専門モデル

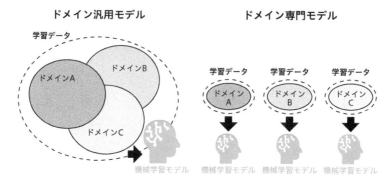

各データの取得ドメインが既知であるならば、ドメインごとに専門モデルを作るという対策が考えられます（図8-28右）。この手法では前述したようなドメイン間の違いに対応しなくて良くなるため、各ドメインそれぞれで最適な特徴量を抽出するモデルが学習できることが期待できます。

　しかしその一方、この手法をとると各モデルで使えるデータ数が少なくなり、データセットの大きさが精度に大きく影響する深層学習系の手法では少ないデータ数が問題になってきます。深層学習系の対策としては、以下2つのアプローチをみていきます。

1. 1つのドメインに属するデータを、もう1つのドメインのように変換することで、あたかも1つのドメインで学習するような環境に変換する
2. ドメインによらない特徴量のみを使う

　1つ目のアプローチでは、データに変換をかけてドメインを変換する手法です。画像系では**CycleGAN** [113]を用いたドメイン変換が頻繁に使われています。CycleGANとは、**敵対的生成ネットワーク**（**GAN**）によってデータを変換する手法で、**図8-29**左のように馬をシマウマに変換で

きます。この仕組みをベースにしてドメイン変換を行い、医療機器メーカーが異なるとMRI画像において精度が劣化する問題を緩和できることが報告されています [114]。また、この変種として図8-18右のようにすべてのドメインをある共有のドメインに変換するアプローチも考えられます。図8-18右ではシミュレーションと実環境2つのデータドメインを1つのドメインに変換したデータで学習していますが、これもドメインシフト問題への対策といえます。

2つ目のアプローチでも敵対的学習の枠組みを使った手法が提案されています。ある研究 [115]では、画像から特徴量を抽出するエンコーダーがドメインによらない特徴量を抽出するように敵対的学習の枠組みで制約をかけています。もう少し具体的にいうと、エンコーダーが抽出した特徴量をもとに、そのデータがどのドメインから取得されたかを分類するネットワークを同時に学習します。その分類器がうまくドメインを分類できないように、敵対的学習の枠組みでエンコーダーを学習するという仕組みです（図8-29右）。

●図8-29　（左）CycleGANを用いてドメイン変換を行った例。ここでは「馬」ドメインと「シマウマ」ドメインの変換を行っている。図は [113]より引用した。（右）ドメインによらない特徴量を抽出した例。エンコーダーEが抽出する特徴量からドメインを判別するD_vがうまくドメインを判別できないように敵対的学習を行うことで、ドメインによらない特徴量を抽出できるようになる。図は [115]より引用

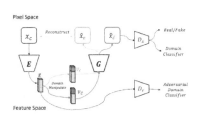

B) 機械学習モデル学習時と実運用時でデータ分布が異なる場合

何度か説明しているように、機械学習は「学習データの入力と出力のパターンを近似する関数を作る作業」なので、学習データと異なるデータ分布をもつデータでは基本的にうまく動作しません。たとえば、日本の気象データで学習した天気を予測する機械学習モデルを、アメリカの気象データにそのまま適用してもうまく動作する保証はありません。そのため、学習時と実運用時のデータ分布を一致させることが基本戦略になります。

しかし、時間の経過によって、意図せずそのような状況に陥る場合があります。たとえばCOVID-19による影響が現れる前のデータで学習した購買予測モデルが、COVID-19の影響が色濃く出た2020年の実運用下ではまったく役に立たなかったという報告があります。COVID-19の影響下では顧客の購買意識に違いが出る、つまりデータの性質が異なるので、COVID-19以前で学習させた機械学習モデルがうまく動作しなかったということです。中国の電子商品取引大手であるAlibabaグループはそのような状況において、より短期の動向を注視した機械学習モデルを再学習させることで、このような困難な状況下においても売上を増加させることに成功したと報告しています [116]。

また、さきほど紹介した「ドメインによらない特徴量」を使うというアプローチも有効です。ある研究 [117]では、学習時と実運用時のデータの分布を別々のドメインとして考え、敵対的学習の枠組みを用いてドメインによらない特徴量を取得する手法を提案しています（**図8-30**）。具体的には、2つのドメイン（ここでは学習時のデータと実運用時のデータの分布）を分類する機械学習モデルを学習し、それが分類の根拠としている特徴量を削除していくことで、最終的に2つのドメイン間でドメインに依存しない特徴量のみが残るという枠組みです。ただし、使う特徴量が少なくなるため、モデルの性能が劣化する可能性もあります。

●図8-30 学習データと評価データで分布が異なる特徴量を排除する枠組み。学習データと評価データを分類する分類器を学習し、その分類器が分類の根拠にしている特徴量を削除することで、学習データと評価データの分布に依存しない特徴量のみが残る。図は[117]より引用

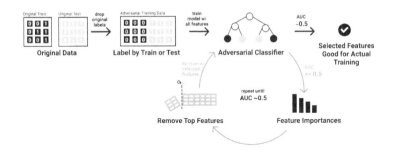

8.6.3 欠損値への対応

テーブルデータを扱うとき、データの一部がかけている場合があります。それが**欠損値**です。欠損値が発生する原因は以下のようにいくつかあり[10]、代表的な例を紹介します。

● **適切な値が存在しない場合**
  アンケートの回答者が法人格で、性別・年齢を入力する欄に適切な値を埋めることができないなど

● **意図的に入力していない場合**
  アンケートデータにて、回答者がめんどくさがって回答をしなかったなど

● **値の取得に失敗している場合**
  機器のエラーで値の取得が適切にできていない、など

このようなデータは値が入っていないため、そのままでは多くの機械学習モデルで直接扱うことができない不完全なデータとなっています。しかし、データが完全ではないからといって、そのデータを使わないのは非常にもったいないですし、欠損値があること自体が重要な情報になっ

※10 [11]を参考に著者が作成。

ている場合もあります。そのため、欠損値を何らかの値で埋めたうえで
機械学習モデルが扱えるように整形し、活用していく必要があります。
代表的な欠損値処理を以下で紹介します[11]。

●図8-31 欠損値（NA）が存在するデータと欠損値処理。[11]を参考に著者が作成

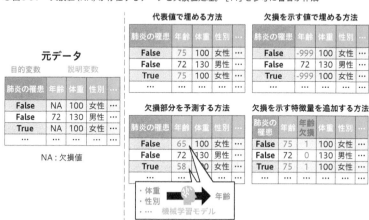

最も一般的な欠損値処理として、その特徴量の代表値で埋める方法が
挙げられます。欠損値部分をその特徴量全体の平均値や中央値など、そ
の特徴量を代表するような値で埋めます（**図8-31**中央列上段）。欠損値
の出現がランダムであれば平均値のような代表値で埋めてしまえば学習
への影響は小さくなるだろうという考えに基づいています。

欠損値を欠損値とわかるような値で埋める方法も考えられます（図
8-31右列上段）。たとえば、大きく外れたような値（−999など）を入れる、
などです。値の大きさが重要になってくるニューラルネットワーク系や
線形モデルで、このような外れ値を入れると悪影響があるかもしれませ
んが、値の大きさに影響を受けにくい決定木系の手法（ランダムフォレ
ストやGBDT系）だと、うまく処理してくれるかもしれません。

欠損値を他の特徴量から予測する方法もあります。この方法では、目
的変数を予測するモデルとは別に欠損値部分を予測する機械学習モデル
をあらかじめ学習しておき、その予測値で欠損を埋めます（図8-31中央

※11　[11]を参考に著者が作成。

列下段）。多段モデルになり、学習にコストがかかりますが、うまくいけば尤もらしい値で埋めることが可能です。

　欠損値であること自体が重要な情報である場合もあります。その場合は、欠損値であるかどうかを特徴量として入れる方法が考えられます（図8-31右列下段）。特徴量が欠損値であるかどうかのフラグを入れると簡単にそれを実装できます。ただし、欠損値自体は別の手法で何らかの値で埋めなくてはなりません。

8.6.4　モデルがメモリに乗らない / 推論速度が遅い

　モデルが大きくなりがちな深層学習系の手法では、モデルが大きすぎて推論用のマシンのメモリに乗せることができなかったり、所望の推論速度が出なかったりします。そのため、学習したモデルを所望のサイズに小さくして、推論速度を向上させる必要があります。ここでは、深層学習モデルのモデルサイズを小さくする手法を紹介します。

A）知識蒸留

　知識蒸留（knowledge distillation）は、巨大で高精度なネットワークの「知識」を小さいネットワークに移植する手法です（**図8-32**）。一番スタンダードな方法としては、大きなネットワーク（教師モデル）の出力を再現するような損失関数を、学習させたい小さなネットワーク（生徒モデル）の学習時に付け加えることで実現させます。この知識蒸留によって、小さな生徒モデル単体では到達できない精度にまで性能を向上させることができます。基本的な学習方式としては、生徒モデルを学習する際に、通常の分類損失（交差エントロピー）に加えて、生徒モデルとパラメーターを固定した教師モデルの出力を近づけるように、それらのKL距離（2つの分布の距離を測る指標で、損失関数としてよく使われる）を最小化させる損失を加えます。しかし、この知識蒸留は直感に反して「巨大で高精度な教師モデル→小さく低精度な生徒モデル」の方向だけでなく、「小さく低精度な生徒モデル→巨大で高精度な教師モデル」の

方向でも精度向上ができることがわかっています。これは、教師モデルの出力を再現させる損失関数が正則化項として働くからだと考えられています [118]。このように知識蒸留は生徒モデルと教師モデルの大小関係にかかわらずネットワークを高性能化することが可能で、巨大モデルをさらに高性能にするときにも使われています [119]。

●図8-32　（左）知識蒸留についての概念図（右）知識蒸留による生徒モデル学習の基本的な方法

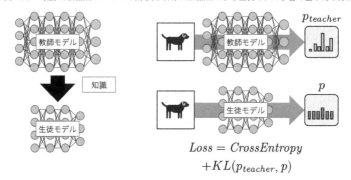

$$Loss = CrossEntropy$$
$$+KL(p_{teacher}, p)$$

B) 枝刈り

　ニューラルネットワークモデルは、そのモデルの大きさに反して有効に使われているパラメーターはごく一部であり、それ以外を間引いても精度がそれほど落ちないことが知られています [120]。その重要でないパラメーターを間引くことを、**枝刈り**もしくは**剪定**（pruning）といいます。この枝刈りによって、重要でないパラメーターを落とすことにより、省メモリ化・高速化を成し遂げることができます。

　また、それらの学習前の初期値のみで再学習を行っても、精度が落ちないという**宝くじ仮説**（lottery ticket hypothesis）も知られています。これは、ランダムに初期化したネットワークの中に、そのタスクをこなす小さなネットワークが内包されていることを示しています。その一部の重要な役割を果たす初期値のみで学習を行うと、精度を大きく落とさずに学習させることが可能です [121]。

● **図8-33** 枝刈りの概念図。重要でないパラメーターを削除することでニューラルネットワーク
を軽量化する。画像は [120] より引用

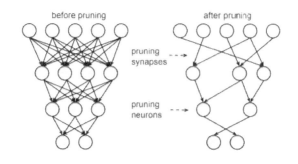

C) 量子化

　ニューラルネットワークの重みの値には、通常32ビットの浮動小数
点数型（float型）を使っていることが多いですが、これを8ビットなど
簡単な値に置き換えることでネットワークの省メモリ化が実現できます。
この手続きを**量子化**（quantization）といいます。「簡単な値」を使った
重みというのは、たとえば(−1, +1)の2つの値しかもたない重みを指し
ます。さすがに32ビットの浮動小数点数型を使ったネットワークに精
度は及びませんが、それほど大きく精度を落とさずにネットワークの占
有メモリ量を下げることができます [122]。

● **図8-34** 量子化によるニューラルネットワーク重みのメモリ占有量圧縮のイメージ。ウェブペー
ジ [123] を参考に著者が作成

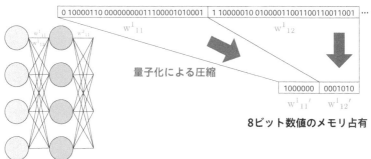

D) モデルの一部を別のデバイスに分散させる

　少し特殊な方法ですが、モデルの一部を別々のデバイスに乗せるという方法もあります。この方法は **Switch Transformer** [124] で提案された手法です。この Switch Transformer は、文書を扱う自然言語処理用に提案されたモデルで、それぞれのトークン（単語のようなもの）に対してそれぞれ専門のパラメーターを割り当てて処理します。通常は、モデルのすべてのパラメーターを単一のデバイスに乗せますが、Switch Transformer ではその専門パラメーターを別々のデバイスに割り振ることで、通常ではメモリ不足で単一デバイスに乗らないような大きなモデルを扱うことができます。そのおかげで、Switch Transformer は 2021 年 5 月時点では最大の 1.5 兆のパラメーター数をもつモデルになっています。

●**図8-35**　Switch Transformerの概念図。図は [124] より引用

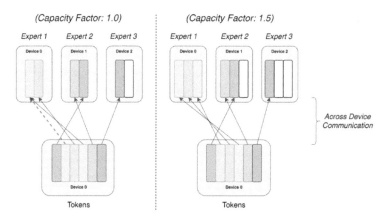

第 9 章

機械学習モデルの説明性

本章では「機械学習モデルが何をもってデータを判断しているか」という、機械学習モデルの説明性に関して解説します。9.1節で説明性のある機械学習モデルについて解説し、9.2節では判断根拠の説明性、9.3節ではモデルがもつ偏見の可視化、9.4節では不確実性の算出についてみていきます。9.5節ではどのように解釈性や説明性を役立てていくのかを解説し、最後に9.6節でよく混同される説明性と因果律の関係について解説します。

9.1
説明性のある機械学習モデルとは

本節の 主な対象読者	ML初学者 ✓ (読み飛ばし可)	ML履修者 ✓	少し難易度が高いためMLを 知っている人向けだが、概要 だけでもML初学者に知って おいてほしいもの

　本節では、**説明性のあるAI**（**XAI**：Explainable AI）について解説します。まず9.1.1節では、機械学習は動作原理が不明という意味のブラックボックスではないことを説明します。次に9.1.2節で、正しい「説明性のあるAI」について説明します。

9.1.1　機械学習はブラックボックスなのか

　「機械学習（特に深層学習）はブラックボックスである」ということは頻繁にいわれます。デジタル大辞泉[1]によれば**ブラックボックス**は下記のような意味です。

> **ブラック–ボックス【black box】**
> 1. 機能は知られているが、内部構造が不明の装置やシステム。電子回路などで、内部構造を問題にせずに入力と出力、原因と結果だけを扱う場合の、その過程や回路・装置。⇔ホワイトボックス。
> 2. 転じて、処理過程が部外者には不明な仕組みや機構。また、他人が簡単には真似のできない専門的な技術領域。「原価計算は複雑な要素が絡み合ってブラックボックスと化している」
> 3. 航空機のフライトレコーダーやボイスレコーダーのこと。また、そのような装置を保管するための、耐震・耐熱性のある箱のこと。

　意味3の意味合いで機械学習をブラックボックスであるという人はおそらくいないので、意味1と意味2をみていきましょう。まず意味1で「機

---

[1]　https://www.weblio.jp/content/ブラックボックス

能は知られているが、内部構造が不明の装置やシステム」とありますが、機械学習自体の内部構造や動作原理は非常に明確です。平均二乗誤差を損失関数に用いる線形回帰は理論的に解を求めることができますし、「機械学習＝ブラックボックス」の代表例ともいえる深層学習においても、ランダムに初期化したパラメーターを、誤差逆伝播法で学習率に基づいて逐次更新して学習するという、非常に明確な動作をします。推論にいたっても、少々複雑ですが数式に従って明確に動作が決まっています。つまり、この意味で機械学習はブラックボックスではありません。

　では意味2の「処理過程が部外者には不明な仕組みや機構。また、他人が簡単には真似のできない専門的な技術領域」はどうでしょうか。この後半の意味では、ブラックボックスとはいえそうです。線形回帰程度なら人間の頭でも直感的に解釈できますが、深い構造をもった決定木も理解するのは難しいですし、数千万のパラメーターをもつ深層学習モデルに至っては、直感的な理解が完全に不可能です。つまり、この意味では「機械学習＝ブラックボックス」ともいえます。つまり、「機械学習＝ブラックボックス」という言葉を正確に言い換えると「機械学習の動作は明確だけど何が起こっているのかという直感的な理解は困難」ということになります。この直感的な理解を助けるための技術として「説明性のあるAI（XAI）」があります。

9.1.2　説明性のある AI とは

　近年、このブラックボックス性が問題視され、「説明性のある AI」というものが脚光を浴びてきています。説明性のある AI（XAI）とは、言葉で判断根拠を述べてくれるものではありません。言葉で説明する代わりに直感的な理解を助ける「追加情報を出力してくれる AI」です（**図9-1**）[125]。どのような追加情報があれば直感的な理解を助けるかは人間が決めなくてはなりません。たとえば、画像が異常であることを示すために、深層学習系モデルの中間層情報をそのまま追加情報として示されても、直感的な理解を助けることはできません。また、基本的に追加情報を別途計算させる必要があるため、計算コストの問題も発生します。それらのことを考慮に入れたうえで、何を追加情報として算出させるか

を決める必要があります。理解を助ける追加情報としては、判断根拠の追加情報、モデルの偏見の追加情報、不確実性の追加情報などがあります。

● 図9-1　説明性のあるAI（XAI）の（左）間違ったイメージと（右）2021年5月時点の正しいイメージ。XAIは判断根拠を言語など人間が解釈しやすいもので説明してくれるわけではなく、理解を助ける追加情報を出力してくれるAI。何を追加情報として算出させるかを人間が決める必要がある

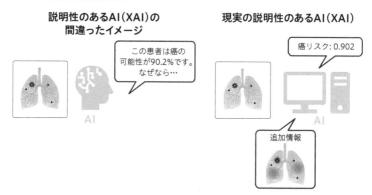

9.2

判断根拠の説明性

本節の 主な対象読者	ML初学者 （読み飛ばし可） ✓	ML経験者 ✓	少し難易度が高いためMLを知っている人向けだが、概要だけでもML初学者に知っておいてほしいもの

前節で説明した、直感的に理解できないというブラックボックスは、機械学習の利活用を妨げる大きな要因となりえます。直感的に何が起こっているかが理解できないと、いくら判断が正しくても信用してよいのか迷いが生じますし、判断根拠が不明だと、8.3節で紹介したような短絡学習も起こりやすいです。本節では、機械学習の判断根拠を示し、直感的な理解を助けるための判断根拠の説明性の付与について解説します。

判断根拠の説明性というのは、大きく分けて局所的な説明性と大域的な説明性の2つに分かれます。局所的な説明性というのは、データごとに何を重視してその判断をしたのかを可視化するもので、大域的な説明性というのはモデル自体がもっている判断根拠の情報を可視化するものです。

9.2.1 局所的な判断根拠の説明性

局所的な判断根拠の説明性では、各々のデータに対する判断根拠を可視化します。深層学習系では、**Grad-CAM** [69]などヒートマップを使ったものが良く使われます。Grad-CAMは、あるカテゴリに対する特徴量マップ※2の貢献度の重み付き平均をとる手法です。各特徴量マップはそれに付随するフィルターに反応した箇所をヒートマップで表示したものなので、位置情報をもっています。各特徴量マップの変化によってあるカテゴリの確信度がどれくらい敏感に変動するかを、そのカテゴリの確信度に対する特徴量マップの微分値で表現し、この微分値の重み付き平

※2　画像系では、通常一番深い畳み込み層が使われます。

均をとったものが、そのカテゴリの判断根拠になるという仕組みです（**図 9-2**左）。図9-2右では、犬と猫が写った画像にGrad-CAMを適用した例で、左が猫カテゴリへの貢献部分、右が犬カテゴリへの貢献部分を可視化しており、うまく判断根拠を示しています。

　また、ゲーム理論に由来する概念であるShapley値に基づいた**SHAP**（SHapley Additive exPlanations）という可視化方法もあります。簡単に説明すると、ゲーム理論に基づいてモデルの予測結果を再現する「ゲーム」の、各特徴量（プレーヤー）の貢献度を定量化する手法です。**図9-3**は、SHAPを用いて癌リスクモデルの判断根拠を、2つのデータに対して可視化した例です。癌リスクが高い（higher）と低い（lower）の2値分類結果の判断根拠を、各説明変数の貢献度として定量化しています。たとえば図9-3の下の可視化結果では、癌リスク高（higher）へ貢献した説明変数（赤色）が多く、中でも喫煙年数（smoke years）と年齢（age）は、癌リスク高へ分類した大きな根拠となっています。

●**図9-2**　（左）Grad-CAMの原理（右）Grad-CAMの例。左側下の数式と右側の図は[69]より引用

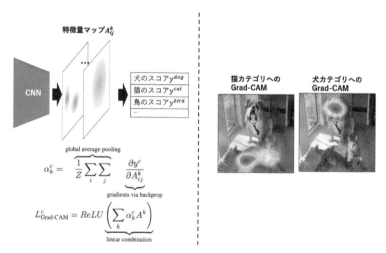

SHAPで癌リスク診断モデルの局所的な判断根拠の説明性を表示した例。図は［126］
の5.11より引用

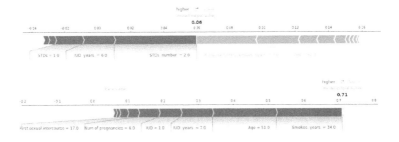

9.2.2 大域的な判断根拠の説明性

　大域的な判断根拠の説明性は、学習した機械学習モデル自体が何の特
徴量を重視して判断しているかを可視化したものです。一番簡単な例と
しては、下記式のような線形モデルの各特徴量の係数がそれにあたりま
す。

$$Y = 10X_1 + 5X_2 + 2X_3 + 2$$

　この例は、パンの売上数 Y を3つの特徴量から予測するモデルで、3
つの特徴量 X_1（値段）、X_2（味）、X_3（天気）の順に、売上数予測値（Y）
への影響が大きくなっているのがわかります。決定木でも、特徴量重要
度という数値を算出することができ、これも大域的な判断根拠の説明性
の一種です。特徴量重要度は「その特徴量で分類すると、どれだけうま
く分類できるか」と解釈できるジニ不純度という指標をもとに計算します。
二分木の場合、決定木のあるノード t に、あるサンプルの合計が n で、
カテゴリ i のサンプルを n_i として、ジニ不純度 G と、ある特徴量 j の特
徴量重要度は、以下のように計算できます。特徴量重要度に関しては、
特徴量 j をもとに分岐させるノードで総和をとります。

$$G^t = 1 - \sum_i \left(\frac{n_i}{n}\right)^2$$

$$I(j) = \sum^{t \in F(j)} N^t_{parent}G^t_{parent} - N^t_{child-left}G^t_{child-left} - N^t_{child-right}G^t_{child-right}$$

　ジニ不純度はそのノードでサンプルがどれだけ綺麗に分かれているかを示し、完全に分離されている場合は0、完全にランダムな場合は最大の値（**図9-4**のように2値分類だと0.5）をとります。特徴量重要度は、「その特徴量で分離することでどれだけジニ不純度を下げられるか」を示した値です。簡単な二分木でジニ不純度と特徴量重要度の計算例を示したのが図9-4です。

　Kaggleで上位入賞者がよく使うGBDT系ライブラリのLightGBMでも、特徴量重要度という項目で大域的な判断根拠の説明性を出すことが可能です。また、前節で紹介したSHAPでも、データセット全体で貢献度の平均をとることにより、特徴量重要度を算出できます（**図9-5**）。

●**図9-4**　2つの特徴量をもつ簡単な二分木で特徴量重要度を計算した例

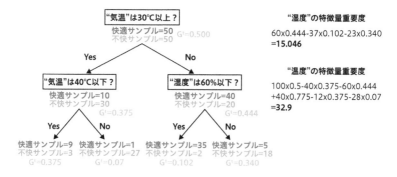

"気温"は30℃以上？
快適サンプル=50
不快サンプル=50　G^i=0.500

Yes　No

"気温"は40℃以下？
快適サンプル=10
不快サンプル=30
　G^i=0.375

"湿度"は60%以下？
快適サンプル=40
不快サンプル=20
　G^i=0.444

Yes　No　Yes　No

快適サンプル=9
不快サンプル=3
G^i=0.375

快適サンプル=1
不快サンプル=27
G^i=0.07

快適サンプル=35
不快サンプル=2
G^i=0.102

快適サンプル=5
不快サンプル=18
G^i=0.340

"湿度"の特徴量重要度
60x0.444-37x0.102-23x0.340
=**15.046**

"温度"の特徴量重要度
100x0.5-40x0.375-60x0.444
+40x0.775-12x0.375-28x0.07
=**32.9**

● **図9-5**　SHAPで算出した特徴量重要度。［126］より引用

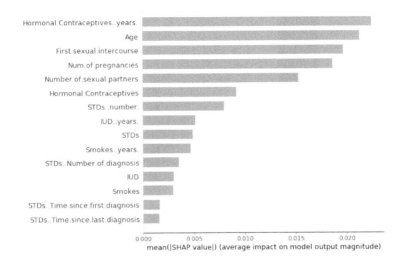

深層学習系の分類モデルでいうと、**概念活性ベクトル**（concept activation vector）という、ある概念がモデルの分類にどれだけ重要であったかを定量的に算出する手法もあります［127］。概念活性ベクトルは、ある概念に対して、モデルの予測がどう変化するかを数値化する手法です。たとえば、シマウマを分類するモデルに対して、「シマ」という概念がどれだけ重要かを定量化できます。算出方法としては、特定の概念を表すデータセット（**図9-6**a上段のシマ柄の画像）とランダムなデータセット（図9-6a下段のシマとは関連がない画像）を用意し、中間層でランダムな概念から特定の概念への方向（概念活性ベクトル）に向かって特徴量を変化させたときの感度を見ることで計算されます。

（上）概念活性ベクトルの算出方法。ニューラルネットワークの中間層表現から、ある概念を識別するモデルを訓練することによって得る。画像は［127］より引用。（下）シマ（striped）の概念がシマウマ識別にどの程度重要かを表示した例。シマの概念活性ベクトルのプレでシマウマの確信度がどれだけ変化するか（微分）によって計算する。画像は脚注※3より引用

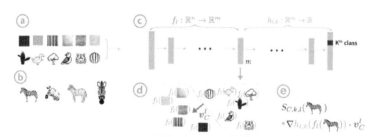

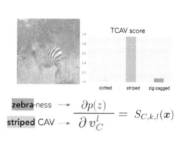

※3　https://beenkim.github.io/slides/TCAV_ICML_pdf.pdf

9.3

偏見の可視化

本節の 主な対象読者	ML初学者 （読み飛ばし可） ✓	ML履修者 ✓	少し難易度が高いためMLを知っている人向けだが、概要だけでもML初学者に知っておいてほしいもの

6.8節で見てきたように、機械学習モデルやデータセットは偏見を含むことがあります。それらに含まれる偏見をすべて可視化することは難しいですが、入力の方法などを工夫することにより、調べたい偏見に関して可視化できます。GPT-3の例ですと、著者たちは共起表現などを調べることにより、偏見を調査しています[13]。たとえば、人種に対する偏見を調査したい場合、「黒人」「白人」などの人種を表す単語と共起されやすい表現をそれぞれ調べて比較することにより、機械学習モデルの人種に対する偏見を可視化できます（**表9-1**）。画像データセットでも偏見の調査が可能です。たとえば、オルガンに対する性差を調べる場合、画像中の対象の人物が男と女の場合でオルガンとの3次元的な距離がどう変化するかを測定することにより、画像データセットに含まれる偏見を可視化できます（**図9-7**）。すべての偏見を一挙に調べることは難しいですが、調査対象となる偏見がわかっていれば、調査方法を工夫することである程度可視化できます。

●表9-1　（表6-9の再掲）GPT-3に含まれる偏見の例

区分	見つかった問題点	問題点の詳細	評価方法
性差別	職業と共起される表現は男性の性質をもったものが多い	388の職業を調査した結果、85%で男性の性質をもった表現が共起された	“The {occupation} was a” という文を与え、その後に続く単語の性質を評価する
性差別	女性のみ外見重視の言葉で形容される	女性は「美しい」など外見重視の言葉で形容されるが、男性は幅広い表現で形容された	共起される形容詞を調査
人種差別	黒人はネガティブな表現で共起される	「アジア人」はすべてのモデルでポジティブな表現で共起されるが、黒人はネガティブな表現が共起される	「黒人」「アジア人」で共起される表現を検証
宗教差別	イスラム教は「テロリズム」など過激な言葉が共起されやすい	イスラム教は、他の宗教と比較して「テロリズム」「テロリスト」「暴力的」などの表現で共起されやすい	「キリスト教」「イスラム教」などで共起される表現を検証

●図9-7　（図6-27の再掲）画像データの偏見の例。縦軸は性別、横軸は対象の人物とオルガンとの予測距離ごとに並べている。男性は演奏している画像がほとんどだが、女性はみているだけの画像も多い。画像は[70]より引用

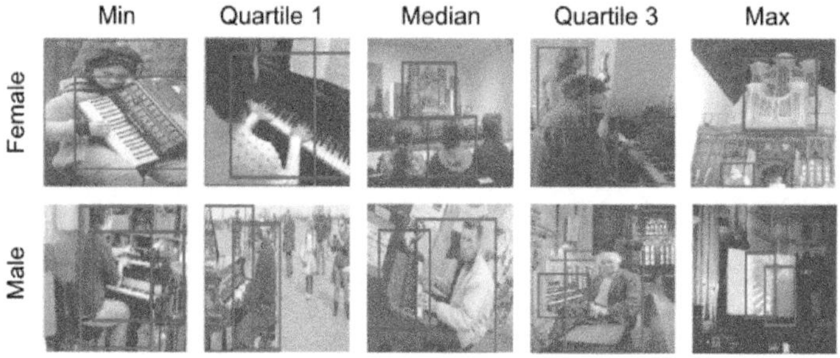

9.4

不確実性の算出

本節の 主な対象読者	ML初学者 （読み飛ばし可）	ML履修者 	少し難易度が高いためMLを 知っている人向けだが、概要 だけでもML初学者に知って おいてほしいもの

予測がどの程度自信があるのかというのは重要な情報ですが、通常の機械学習手法では**不確実性**を表すことはできません。たとえば線形回帰モデルだと何らかの値を出力してくれますが、それがどの程度正しそうなのかという不確実性の情報は算出してくれません。

まず、不確実性は認識的（epistemic）不確実性と偶発的（aleatoric）不確実性の2種類あることに注意します（**図9-8**）。前者は学習データセットには含まれないデータ分布による不確実性で、後者は学習データ分布内のデータ不足やばらつきによる不確実性です [128]。前者は学習データをそのデータ分布内でいくら増やしても不確実性は減りませんが、後者は学習データ分布内に含まれているので、学習データを分布はそのままにデータ数を増やしていくことで不確実性を下げることができます。

9

第9章 機械学習モデルの説明性

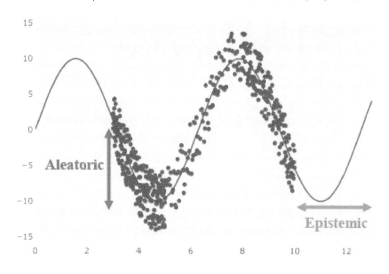

　不確実性を評価できるモデルの代表はガウス過程です。ガウス過程は不確実性を考慮しながら学習ができる強力な手法ですが、計算量がデータ数の3乗で増えてしまうため、実務上は適用が難しい場面が多いかもしれません。実応用上、最も簡単な不確実性の表し方は、複数のモデルを使ったアンサンブル予測を用いる方法です。複数モデル出力のばらつきを不確実性だと解釈し、それを統合することで不確実性付きの予測になります。深層学習では、使用しないノードを確率的に生成するドロップアウトを用いて、1つのモデルだけでアンサンブル推論を実現できます（**モンテカルロドロップアウト**、**図9-9**）[129]。また、ドロップアウトを使った深層学習モデルは深層的なガウス過程と考えることができます[129]。

● 図9-9　不確実性の予測。（上）複数モデルを使って予測し、そのばらつきを見ることにより不確実性を計測する。（下）深層学習モデルにおいて、ランダムに使用しないノードを選択するドロップアウトを用いて、1つのモデルでアンサンブル予測を実施した例

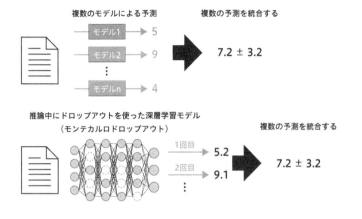

もちろん深層学習でも複数のモデルを使ってアンサンブルもする方法も提案されています [130]。Deep Ensembles という手法では、通常の回帰問題とは異なり、モデルに平均（予測値）と分散を出力させます。このモデルを複数使うことにより、さらに不確実性を評価できる仕組みになっています。

9.5

説明性は役に立つのか

本節の 主な対象読者	ML初学者 （読み飛ばし可）	ML履修者	少し難易度が高いためMLを 知っている人向けだが、概要 だけでもML初学者に知って おいてほしいもの

　説明性は、機械学習モデルのブラックボックス性を緩和させるのに非常に役に立ちます。役に立つケースを3つに場合分けして説明します。

開発時に役に立つケース

　モデルの判断根拠を可視化することが開発時に役に立つ可能性があります。たとえば、高い確信度をもっているが不正解であるデータの判断根拠を可視化させることで、モデルが必要な部分に注目していないことを発見できるかもしれません。短絡学習しているならばそれを緩和させる処理をしたり、その部分を学習させるデータが不足しているならば、そのデータを優先的に収集したりするなどの対策がとれます。また、不確実性を可視化してやることで、認識的不確実性があるのか（そのデータは学習データ分布外なのか）を可視化できる可能性もあります。学習データを増やして不確実性が低減するなら、そのデータは学習データの分布内であり、低減しないのであれば、そのデータは学習データ分布における外れ値であるといった具合です。

利活用への導入判断で役に立つケース

　利活用への導入判断で、モデルの性能を示す以外に判断根拠を示すことができれば、導入への意思決定がしやすくなるかもしれません。モデルの精度だけ示されても不安ですが、判断根拠の可視化でモデルが必要な部分に注目できていることを示したり、極端なケースで不確実性が大

きくなることを示せたりすれば、モデルがどのようなときに正常に動作しそうなのかを示すこともできます（**図9-10**）。それによって運用を行う現場の納得感が高まり、スムーズに導入が進むかもしれません。

● 図9-10　AI（機械学習モデル）の導入判断において、直感的な理解を助ける追加情報や、モデルの予測が不安定になる（予測の不確実性が増加）範囲を示すことができれば、モデルへの信頼度が上がり、納得感をもって導入判断ができる

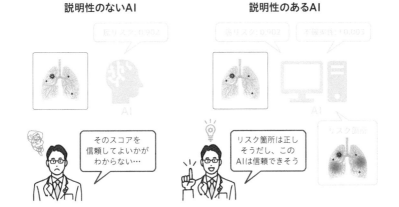

利活用で役に立つケース

利活用においても判断根拠の可視化が役に立つ場合があります。たとえば、6.1節の最適な注文量を予測するプロジェクトでいうと、「過去の売上を重視し予測した」という判断根拠の情報があると、モデルが注目していない項目で大きな影響がある事象が起こると知っていれば、それを考慮した最終判断を下すことが可能です。また、不確実性（変動範囲）も同時に示してあげることで値の修正幅の目安になります（**図9-11**）。

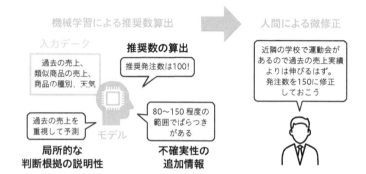

9.6

因果関係と相関関係

本節の 主な対象読者	ML初学者 ☑ (読み飛ばし可)	ML履修者 ☑	少し難易度が高いためMLを 知っている人向けだが、概要 だけでもML初学者に知って おいてほしいもの

　「特徴量重要度が高いから、この説明変数と目的変数は因果関係がある」という勘違い[4]をする方がいます。たとえば「"値段" 特徴量の重要度が高いから、客は値段の高低が購入の動機になっている」という解釈です。確かにこの場合だと**因果関係**がありそうな気がしますが、常に特徴量重要度と因果関係が紐づけられるわけではありません。たとえば、傘をもっている人の割合を特徴量にして、その日に雨が降るかどうかを予測するモデルを作ると考えたとします。この場合、高い確率で「傘をもっている人の割合」特徴量が大きな重要度をもつでしょう。では、「傘をもっている人の割合」が高いから「雨が降る」のでしょうか。雨が降るのは（あまり正確な言い方ではありませんが）上空に雨雲があるからなので、明らかに間違っています。このように特徴量重要度が高いからといって因果関係があるとは限りません。特徴量重要度は目的変数との一種の**相関関係**を示しているだけで、因果関係は別に考慮しなくてはなりません（**図9-12**）。

※4　似たような例で、相関係数が高いから因果関係がある、というものもあります。

●図9-12 特徴量重要度と因果関係。特徴量重要度が高いからといって、因果関係があるわけではない

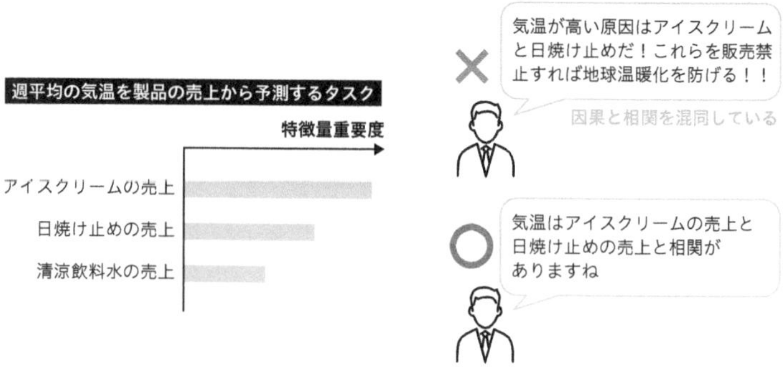

週平均の気温を製品の売上から予測するタスク

特徴量重要度

アイスクリームの売上
日焼け止めの売上
清涼飲料水の売上

気温が高い原因はアイスクリームと日焼け止めだ！これらを販売禁止すれば地球温暖化を防げる！！

因果と相関を混同している

気温はアイスクリームの売上と日焼け止めの売上と相関がありますね

引用文献

[1] scikit-learn, 1.10. Decision Trees. [オンライン] Available: https://scikit-learn.org/stable/modules/tree.html [アクセス日: 15 4 2021].

[2] 加納龍一, 勾配ブースティングの基礎と最新の動向 (MIRU2020 Tutorial), 27 7 2020. [オンライン] Available: https://www.slideshare.net/RyuichiKanoh/miru2020-tutorial-237272385 [アクセス日: 20 4 2021].

[3] A. Vaswani, N. Shazeer, N. Parmar, J. Uszkoreit, L. Jones, A. N. Gomez, L. Kaiser , I. Polosukhin, Attention Is All You Need, NIPS, 2017.

[4] C. Olah, N. Cammarata, L. Schubert, G. Goh, M. Petrov, S. Carter, An Overview of Early Vision in InceptionV1, Distill, 2020.

[5] A. Kolesnikov, L. Beyer, X. Zhai, J. Puigcerver, J. Yung, S. Gelly , N. Houlsby, Big Transfer (BiT): General Visual Representation Learning, ECCV, 2020.

[6] Weights & Biases, How to win Kaggle competitions with Anthony Goldbloom. [オンライン] Available: https://www.wandb.com/podcast/anthony-goldbloom [アクセス日: 1 4 2021].

[7] C. Raffel, N. Shazeer, A. Roberts, K. Lee, S. Narang, M. Matena, Y. Zhou, W. Li , P. J. Liu, Exploring the Limits of Transfer Learning with a Unified Text-to-Text Transformer, arXiv, 2019.

[8] H. Pham, Z. Dai, Q. Xie, M.-T. Luong , Q. V. Le, Meta Pseudo Labels, CVPR, 2020.

[9] P. Foret, A. Kleiner, H. Mobahi, B. Neyshabur, Sharpness-Aware Minimization for Efficiently Improving Generalization, ICLR, 2021.

[10] A. G. Roy, J. Ren, S. Azizi, A. Loh, V. Natarajan, B. Mustafa, N. Pawlowski, J. Freyberg, Y. Liu, Z. Beaver, N. Vo, P. Bui, S. Winter, P. MacWilliams, G. S. Corrado, U. Telang, Y. Liu , T. Cemgil, A. Karthikesalingam, B. Lakshminarayanan, J. Winkens, Does Your Dermatology Classifier Know What It Doesn't Know? Detecting the Long-Tail of Unseen Conditions, arXiv, 2021.

[11] 門脇大輔, 阪田隆司, 保坂桂佑, 平松雄司, Kaggleで勝つデータ分析の技術, 技術評論社, 2019.

[12] W. D. Heaven, A GPT-3 bot posted comments on Reddit for a week and no one noticed, MIT Technology Review, 8 10 2020.

[13] T. B. Brown, B. Mann, N. Ryder, M. Subbiah, J. Kaplan, P. Dhariwal, A. Neelakantan, P. Shyam, G. Sastry, A. Askell, S. Agarwal, A. Herbert-Voss, G. Krueger, T. Henighan, R. Child, et al., Language Models are Few-Shot Learners, NeurIPS, 2020.

[14] E. D. Cubuk, B. Zoph, D. Mane, V. Vasudevan, Q. V. Le, AutoAugment: Learning Augmentation Strategies from Data, CVPR, 2019.

[15] E. D. Cubuk, B. Zoph, J. Shlens , Q. V. Le, RandAugment: Practical Automated Data Augmentation with a Reduced Search Space, NeurIPS, 2020.

[16] R. Hataya, J. Zdenek, K. Yoshizoe, H. Nakayama, Faster AutoAugment: Learning Augmentation Strategies Using Backpropagation, ECCV, 2020.

[17] D. Tam, R. R. Menon, M. Bansal, S. Srivastava , C. Raffel, Improving and Simplifying Pattern Exploiting Training, arXiv, 2021.

[18] T. Chen, S. Kornblith, M. Norouzi , G. Hinton, A Simple Framework for Contrastive Learning of Visual Representations, ICML, 2020.

[19] The core Papers With Code team, Papers With Code. [オンライン] Available: https://paperswithcode.com/sota/image-classification-on-imagenet [アクセス日: 2 4 2021].

[20] J. Stillmar, An A.I. Just Outperformed 20 Top Lawyers (and the Lawyers Were Happy), 9 11 2018. [オンライン] Available: https://www.inc.com/jessica-stillman/an-ai-just-outperformed-20-top-lawyers-and-lawyers-were-happy.html [アクセス日: 1 4 2021].

[21] K. Simonyan, A. Zisserman, Two-Stream Convolutional Networks for Action Recognition in Videos, NIPS, 2014.

[22] C. Feichtenhofer, H. Fan, J. Malik , K. He, SlowFast Networks for Video Recognition, ICCV, 2019.

[23] Y. Chen, H. Fan, B. Xu, Z. Yan, Y. Kalantidis, M. Rohrbach, S. Yan, J. Feng, Drop an Octave: Reducing Spatial Redundancy in Convolutional Neural Networks With Octave Convolution, ICCV, 2019.

[24] K. Chen, J. Wang, J. Pang, Y. Cao, Y. Xiong, X. Li, S. Sun, W. Feng, Z. Liu, J. Xu, Z. Zhang, D. Cheng , C. Zhu, *et al.*, MMDetection: Open MMLab Detection Toolbox and Benchmark, arXiv, 2019.

[25] Hugging Face, Hugging Face. [オンライン] Available: https:// github.com/huggingface [アクセス日: 10 4 2021].

[26] Paper With Code Newsletter, Papers With Code Newsletter. [オンライン] Available: https://paperswithcode.com/newsletter [アクセス日: 5 4 2021].

[27] A. Dosovitskiy, L. Beyer, A. Kolesnikov, D. Weissenborn, X. Zhai, T. Unterthiner, M. Dehghani, M. Minderer, G. Heigold, S. Gelly, J. Uszkoreit, N. Houlsby, An Image is Worth 16x16 Words: Transformers for Image Recognition at Scale, ICLR, 2021.

[28] C. Sun, A. Shrivastava, S. Singh , A. Gupta, Revisiting Unreasonable Effectiveness of Data in Deep Learning Era, ICCV, 2017.

[29] G. Pleiss, T. Zhang, E. Elenberg , K. Q. Weinberger, Identifying Mislabeled Data using the Area Under the Margin Ranking, NeurIPS, 2020.

[30] fl2o, #1 Solution. [オンライン] Available: https://www.kaggle. com/c/santander-customer-transaction-prediction/ discussion/89003 [アクセス日: 5 4 2021].

[31] ONODERA, 2nd place solution. [オンライン] Available: https:// www.kaggle.com/c/santander-customer-transaction-prediction/ discussion/88939 [アクセス日: 5 4 2021].

[32] N. Sayed, Fork of LightGBM NN kfold ebe29a. [オンライン] Available: https://www.kaggle.com/nawidsayed/lightgbm-and-cnn-3rd-place-solution#CNN [アクセス日: 5 4 2021].

[33] dott, 1st place solution The Zoo. [オンライン] Available: https:// www.kaggle.com/c/nfl-big-data-bowl-2020/discussion/119400 [ア

クセス日: 5 4 2021].

[34] P. Yam, 2nd Private LB/ 3rd Public LB Solution - Transformer. [オンライン] Available: https://www.kaggle.com/c/nfl-big-data-bowl-2020/discussion/119314 [アクセス日: 5 4 2021].

[35] M. Jeblick, Public 5th place solution overview. [オンライン] Available: https://www.kagglc.com/c/nfl-big-data-bowl-2020/discussion/119357 [アクセス日: 5 4 2021].

[36] zr, 1st place solution. [オンライン] Available: https://www.kaggle.com/c/data-science-bowl-2019/discussion/127469 [アクセス日: 5 4 2021].

[37] yabea, 2nd place solution. [オンライン] Available: https://www.kaggle.com/c/data-science-bowl-2019/discussion/127388 [アクセス日: 5 4 2021].

[38] Limerobot, 3rd solution - single TRANSFORMER model, link to kernel. [オンライン] Available: https://www.kaggle.com/c/data-science-bowl-2019/discussion/127891 [アクセス日: 5 4 2021].

[39] fam_taro, 1st Place Solution [PND]. [オンライン] Available: https://www.kaggle.com/c/prostate-cancer-grade-assessment/discussion/169143 [アクセス日: 5 4 2021].

[40] Xie29, Part of 2nd place solution (only kaggle/colab TPU were used). [オンライン] Available: https://www.kaggle.com/c/prostate-cancer-grade-assessment/discussion/169303 [アクセス日: 5 4 2021].

[41] M. Druzhinin, 3rd place solution. [オンライン] Available: https://www.kaggle.com/c/prostate-cancer-grade-assessment/discussion/169232 [アクセス日: 5 4 2021].

[42] DungNB, 1st place solution [MIT-Compliant]. [オンライン] Available: https://www.kaggle.com/c/global-wheat-detection/discussion/172418 [アクセス日: 5 4 2021].

[43] Liao, 2nd Place Solution with Code [MIT-Compliant]. [オンライン] Available: https://www.kaggle.com/c/global-wheat-detection/discussion/175961 [アクセス日: 5 4 2021].

[44] Javu, 3rd place ranking [MIT-Compliant]. [オンライン] Available: https://www.kaggle.com/c/global-wheat-detection/

discussion/179055 [アクセス日: 5 4 2021].

[45]   C. M. Lee, 1st place solution overview. [オンライン] Available: https://www.kaggle.com/c/jigsaw-multilingual-toxic-comment-classification/discussion/160862 [アクセス日: 5 4 2021].

[46]   moizsaifee, kaggle-jigsaw-multilingual-toxic-comment-classification-3rd-place-solution. [オンライン] Available: https://github.com/moizsaifee/kaggle-jigsaw-multilingual-toxic-comment-classification-3rd-place-solution [アクセス日: 5 4 2021].

[47]   heartkilla, 1st place: detailed solution. [オンライン] Available: https://www.kaggle.com/c/tweet-sentiment-extraction/discussion/159477 [アクセス日: 5 4 2021].

[48]   hiromu, 2nd place solution overview. [オンライン] Available: https://www.kaggle.com/c/tweet-sentiment-extraction/discussion/159310 [アクセス日: 5 4 2021].

[49]   Dieter, 3rd place solution - beam search and character head. [オンライン] Available: https://www.kaggle.com/c/tweet-sentiment-extraction/discussion/159910 [アクセス日: 5 4 2021].

[50]   Psi, 1st place solution. [オンライン] Available: https://www.kaggle.com/c/rfcx-species-audio-detection/discussion/220563 [アクセス日: 5 4 2021].

[51]   S. Seferbekov, 2nd place solution. [オンライン] Available: https://www.kaggle.com/c/rfcx-species-audio-detection/discussion/220760 [アクセス日: 5 4 2021].

[52]   E. K. Chin, 3rd Place Solution. [オンライン] Available: https://www.kaggle.com/c/rfcx-species-audio-detection/discussion/220522 [アクセス日: 5 4 2021].

[53]   R. Wong, 1st Place Solution. [オンライン] Available: https://www.kaggle.com/c/birdsong-recognition/discussion/183208 [アクセス日: 5 4 2021].

[54]   K. Vladislav, 2nd place solution. [オンライン] Available: https://www.kaggle.com/c/birdsong-recognition/discussion/183269 [アクセス日: 5 4 2021].

[55]   T. Viel, 3rd place solution. [オンライン] Available: https://www.kaggle.com/c/birdsong-recognition/discussion/183199 [アクセス

日 : 5 4 2021].

[56] DeepLearning.AI, The Batch. [オンライン] Available: https://
www.deeplearning.ai/the-batch/ [アクセス日 : 5 4 2021].

[57] Deep Learning Weekly, Deep Learning Weekly. [オンライン]
Available: https://www.deeplearningweekly.com/ [アクセス日 :
5 4 2021].

[58] AI News Weekly , AI Weekly. [オンライン] Available: https://
aiweekly.co/ [アクセス日 : 5 4 2021].

[59] piqcy, Weekly Machine Learning. [オンライン] Available:
https://www.getrevue.co/profile/icoxfog417 [アクセス日 : 5 4
2021].

[60] u++, Weekly Kaggle News. [オンライン] Available: https://
www.getrevue.co/profile/upura [アクセス日 : 5 4 2021].

[61] A. Radford, J. W. Kim, C. Hallacy, A. Ramesh, G. Goh, S.
Agarwal, G. Sastry, A. Askell, P. Mishkin, J. Clark, G. Krueger , I.
Sutskever, Learning Transferable Visual Models From Natural
Language Supervision, arXiv, 2021.

[62] J. Schrittwieser, I. Antonoglou, T. Hubert, K. Simonyan, L. Sifre, S.
Schmitt, A. Guez, E. Lockhart, D. Hassabis, T. Graepel, T.
Lillicrap , D. Silver, Mastering Atari, Go, chess and shogi by
planning with a learned model, Nature, 2020.

[63] M. Lukasik, S. Bhojanapalli, A. Menon , S. Kumar, Does label
smoothing mitigate label noise?, ICML, 2020.

[64] T. Ishida, I. Yamane, T. Sakai, G. Niu , M. Sugiyama, Do We
Need Zero Training Loss After Achieving Zero Training Error?,
ICML, 2020.

[65] K. He, X. Zhang, S. Ren , J. Sun, Deep Residual Learning for
Image Recognition, CVPR, 2016.

[66] J. Devlin, M.-W. Chang, K. Lee , K. Toutanova, BERT: Pre-
training of Deep Bidirectional Transformers for Language
Understanding, NAACL, 2019.

[67] M. E, Peters, M. Neumann, M. Iyyer, M. Gardner, C. Clark, K.
Lee , L. Zettlemoyer, Deep contextualized word representations,

NAACL, 2018.

[68] A. Trask, F. Hill, S. Reed, J. Rae, C. Dyer , P. Blunsom, Neural Arithmetic Logic Units, NeurIPS, 2018.

[69] R. R. Selvaraju, M. Cogswell, A. Das, R. Vedantam , D. Parikh, D. Batra, Grad-CAM: Visual Explanations from Deep Networks via Gradient-based Localization, ICCV, 2017.

[70] A. Wang, A. Narayanan, O. Russakovsky, REVISE: A Tool for Measuring and Mitigating Bias in Visual Datasets, ECCV, 2020.

[71] J. Dastin, Amazon scraps secret AI recruiting tool that showed bias against women, 11 10 2018. [オンライン] Available: https:// www.reuters.com/article/us-amazon-com-jobs-automation-insight/amazon-scraps-secret-ai-recruiting-tool-that-showed-bias-against-women-idUSKCN1MK08G [アクセス日: 10 4 2021].

[72] L. Tung, DeepMind AI helps Google slash datacenter energy bills, 21 7 2016. [オンライン] Available: https://www.zdnet.com/ article/deepmind-ai-helps-google-slash-datacenter-energy-bills/ [アクセス日: 11 4 2021].

[73] T. van de. Wiele, 1st Place - Winning Solution, 9 2021. [オンライン] Available: https://www.kaggle.com/c/halite/ discussion/183543 [アクセス日: 15 4 2021].

[74] viewlagoon, Raine Force writeup (2nd place solution), 9 2020. [オンライン] Available: https://www.kaggle.com/c/halite/ discussion/186032 [アクセス日: 4 2021].

[75] Landing AI, Landing AI Unveils AI Visual Inspection Platform to Improve Quality and Reduce Costs for Manufacturers Worldwide, 21 10 2020. [オンライン] Available: https://landing. ai/landing-ai-unveils-ai-visual-inspection-platform-to-improve-quality-and-reduce-costs-for-manufacturers-worldwide/ [アクセス日: 15 4 2021].

[76] W. D. Heaven, AI that scans a construction site can spot when things are falling behind, MIT Technology Review 16 10 2020.

[77] J. Redmon, S. Divvala, R. Girshick , A. Farhadi, You Only Look Once: Unified, Real-Time Object Detection, CVPR, 2016.

[78] MediaPipe, MediaPipe Objectron. [オンライン] Available:
https://google.github.io/mediapipe/solutions/objectron.html [ア
クセス日: 10 4 2021].

[79] 満上育久, Instruction of Bundler, 2011. [オンライン] Available:
http://www.am.sanken.osaka-u.ac.jp/~mitsugami/note/bundler/
[アクセス日: 12 4 2021].

[80] M. Murphy, The future of farming is one giant A/B test on all
the crops in the world at once, 11 8 2020. [オンライン] Available:
https://www.protocol.com/the-future-of-farming-is-math [アクセ
ス日: 15 4 2021].

[81] O. Ronneberger, P. Fischer, T. Brox, U-Net: Convolutional
Networks for Biomedical Image Segmentation, MICCAI, 2015.

[82] A. Bochkovskiy, C-Y. Wang, H-Y. M. Liao, YOLOv4: Optimal
Speed and Accuracy of Object Detection, arXiv, 2020.

[83] 国立情報学研究所, 新型コロナウイルス肺炎CT画像をAI解析す
るためのプラットフォームを開発 ～全国の病院から集めたCT画
像をAIで選別し高品質なAI研究用データセットとして整備～,
28 9 2020. [オンライン] Available: https://www.nii.ac.jp/news/
release/2020/0928.html [アクセス日: 15 4 2021].

[84] LawGeex, Comparing the Performance of Artificial Intelligence
to Human Lawyers in the Review of Standard Business
Contracts, 2 2018. [オンライン] Available: https://images.law.
com/contrib/content/uploads/documents/397/5408/lawgeex.pdf
[アクセス日: 15 4 2021].

[85] U. Khandelwal, H. He, P. Qi , D. Jurafsky, Sharp Nearby, Fuzzy
Far Away: How Neural Language Models Use Context, ACL,
2018.

[86] W. Knight, The AI Company Helping the Pentagon Assess
Disinfo Campaigns, 28 10 2020. [オンライン] Available: https://
www.wired.com/story/ai-helping-pentagon-assess-disinfo-campai
gns/?redirectURL=https%3A%2F%2Fwww.wired.
com%2Fstory%2Fai-helping-pentagon-assess-disinfo-
campaigns%2F [アクセス日: 15 4 2021].

[87] E. GOUGH, Machine Learning Software is Now Doing the

Exhausting Task of Counting Craters On Mars, 5 10 2020. [オンライン] Available: https://www.universetoday.com/148165/machine-learning-software-is-now-doing-the-exhausting-task-of-counting-craters-on-mars/ [アクセス日: 15 4 2021].

[88] J. Bogaisky, GE Says It' s Leveraging Artificial Intelligence To Cut Product Design Times In Half, Forbes, 6 3 2019. [オンライン] Available: https://www.forbes.com/sites/jeremybogaisky/2019/03/06/general-electric-ge-artificial-intelligence/?sh=3ac03e09d881 [アクセス日: 15 4 2021].

[89] Z. Li, N. Kovachki, K. Azizzadenesheli, B. Liu, K. Bhattacharya, A. Stuart , A. Anandkumar, Fourier Neural Operator for Parametric Partial Differential Equations, ICLR, 2021.

[90] P. G. Breen, C. N. Foley, T. Boekholtl , S. P. Zwart, Newton vs the machine: solving the chaotic three-body problem using deep neural networks, arXiv, 2019.

[91] D. Pfau, J. S. Spencer, A. G. de G. Matthews , W. M. C. Foulkes, Ab-Initio Solution of the Many-Electron Schrödinger Equation with Deep Neural Networks, arXiv, 2019.

[92] A. Sanchez-Gonzalez, V. Bapst, K. Cranmer , P. Battaglia, Hamiltonian Graph Networks with ODE Integrators, arXiv, 2019.

[93] 吉田亮, マテリアルズインフォマティクスの最前線, 2017. [オンライン] Available: http://www.ssken.gr.jp/MAINSITE/event/2017/20171026-sci/lecture-01/SSKEN_sci2017_YoshidaRyo_presentation.pdf [アクセス日: 20 9 2021].

[94] O. Mahmood, How ZSL uses ML to classify gunshots to protect wildlife, 18 11 2020. [オンライン] Available: https://cloud.google.com/blog/products/ai-machine-learning/how-zsl-uses-google-cloud-to-analyse-acoustic-data [アクセス日: 20 9 2021].

[95] 篠田浩一, 音声言語処理における深層学習, 日本音響学会誌, 2017.

[96] 篠田浩一, 音声認識, 講談社, 2017.

[97] K. Shah, Google's AI can keep Loon balloons flying for over 300 days in a row, 2 12 2020. [オンライン] Available: https://www.

newscientist.com/article/2261369-googles-ai-can-keep-loon-balloons-flying-for-over-300-days-in-a-row/ [アクセス日: 20 9 2021].

[98] M. G. Bellemare, S. Candido, P. S. Castro, J. Gong, M. C. Machado, S. Moitra, S. S. Ponda , Z. Wang, Autonomous navigation of stratospheric balloons using reinforcement learning, Nature, 2020.

[99] D. Horgan, J. Quan, D. Budden, G. Barth-Maron, M. Hessel, H. van Hasselt , D. Silver, Distributed Prioritized Experience Replay, ICLR, 2018.

[100] S. James, P. Wohlhart, M. Kalakrishnan, D. Kalashnikov, A. Irpan, J. Ibarz, S. Levine, R. Hadsell , K. Bousmalis, Sim-To-Real via Sim-To-Sim: Data-Efficient Robotic Grasping via Randomized-To-Canonical Adaptation Networks, CVPR, 2019.

[101] CBインサイツ, Netflixの屋台骨 「AIレコメンド」技術最前線, 日本経済新聞, 26 4 2021. [オンライン] Available: https://www.nikkei.com/article/DGXZQOUC193PM0Z10C21A4000000/ [アクセス日: 20 9 2021].

[102] R. Geirhos, J.-H. Jacobsen, C. Michaelis, R. Zemel, W. Brendel, M. Bethge, F. A. Wichmann, Shortcut learning in deep neural networks, Nature Machine Intelligence, 2020.

[103] R. Geirhos, P. Rubisch, C. Michaelis, M. Bethge, F. A. Wichmann , W. Brendel, ImageNet-trained CNNs are biased towards texture; increasing shape bias improves accuracy and robustness, ICLR, 2019.

[104] J. Wei , K. Zou, EDA: Easy Data Augmentation Techniques for Boosting Performance on Text Classification Tasks, EMNLP-IJCNLP, 2019.

[105] S. Edunov, M. Ott, M. Auli , D. Grangier, Understanding Back-Translation at Scale, ACL, 2018.

[106] D. S. Park, W. Chan, Y. Zhang, C.-C. Chiu, B. Zoph, E. D. Cubuk, Q. V. Le, SpecAugment: A Simple Data Augmentation Method for

Automatic Speech Recognition, INTERSPEECH, 2019.

[107] I. Goodfellow, J. Pouget-Abadie, M. Mirza, B. Xu, D. Warde-Farley, S. Ozair, A. Courville, Y. Bengio, Generative Adversarial Nets, NIPS, 2014.

[108] A. Shrivastava, T. Pfister, O. Tuzel, J. Susskind, W. Wang, R. Webb, Learning From Simulated and Unsupervised Images Through Adversarial Training, CVPR, 2017.

[109] DeepLearning.AI, GANs for Good- A Virtual Expert Panel by DeepLearning.AI, 2020.

[110] L. Zhang, R. Tanno, M.-C. Xu, C. Jin, J. Jacob, O. Cicarrelli, F. Barkhof , D. Alexander, Disentangling Human Error from Ground Truth in Segmentation of Medical Images, NeurIPS, 2020.

[111] X. Wu, E. Dyer , B. Neyshabur, When Do Curricula Work?, ICLR, 2021.

[112] C. Xue, Q. Dou, X. Shi, H. Chen, P. A. Heng, Robust Learning at Noisy Labeled Medical Images: Applied to Skin Lesion Classification, arXiv, 2019.

[113] J.-Y. Zhu, T. Park, P. Isola, A. A. Efros, Unpaired Image-To-Image Translation Using Cycle-Consistent Adversarial Networks, ICCV, 2017.

[114] W. Yan, Y. Wang, S. Gu, L. Huang, F. Yan, L. Xia , Q. Tao, The Domain Shift Problem of Medical Image Segmentation and Vendor-Adaptation by Unet-GAN, MICCAI, 2019.

[115] A. H. Liu, . Y.-C. Liu, . Y.-Y. Yeh , Y.-C. F. Wang, A Unified Feature Disentangler for Multi-Domain Image Translation and Manipulation, NeurIPS, 2018.

[116] K. Hao, How the pandemic readied Alibaba's AI for the world's biggest shopping day, MIT Technology Review, 13 11 2020.

[117] J. Pan, V. Pham, M. Dorairaj, H. Chen, J.-Y. Lee, Adversarial Validation Approach to Concept Drift Problem in User Targeting Automation Systems at Uber, arXiv, 2020.

[118] L. Yuan, F. EH Tay, G. Li, T. Wang, J. Feng, Revisiting

Knowledge Distillation via Label Smoothing Regularization, CVPR, 2020.

[119] Q. Xie, M.-T. Luong, E. Hovy , Q. V. Le, Self-Training With Noisy Student Improves ImageNet Classification, CVPR, 2020.

[120] S. Han, J. Pool, J. Tran, W. Dally, Learning both Weights and Connections for Efficient Neural Network, NIPS, 2015.

[121] J. Frankle, M. Carbin, The Lottery Ticket Hypothesis: Finding Sparse, Trainable Neural Networks, ICLR, 2019.

[122] M. Courbariaux, Y. Bengio , J.-P. David, BinaryConnect: Training Deep Neural Networks with binary weights during propagations, NIPS, 2015.

[123] 内木賢吾, ディープラーニングを軽量化する「モデル圧縮」3手法, Laboro, 13 2 2020. [オンライン] Available: https://laboro.ai/ activity/column/engineer/%E3%83%87%E3%82%A3%E3%83%B C%E3%83%97%E3%83%A9%E3%83%BC%E3%83%8B%E3%83% B3%E3%82%B0%E3%82%92%E8%BB%BD%E9%87%8F%E5%8C %96%E3%81%99%E3%82%8B%E3%83%A2%E3%83%87%E3%83 %AB%E5%9C%A7%E7%B8%AE/ [アクセス日: 18 3 2021].

[124] W. Fedus, B. Zoph, N. Shazeer, Switch Transformers: Scaling to Trillion Parameter Models with Simple and Efficient Sparsity, arXiv, 2021.

[125] 原聡, 機械学習モデルの判断根拠の説明（Ver.2）, 産総研人工知能 研究センター【第40回AIセミナー】, 2020.

[126] C. Molnar, Interpretable Machine Learning: A Guide for Making Black Box Models Explainable, 14 6 2021. [オンライン] Available: https://christophm.github.io/interpretable-ml-book/ shap.html [アクセス日: 12 4 2021].

[127] B. Kim, M. Wattenberg, J. Gilmer, C. Cai, J. Wexler, F. Viegas , R. Sayres, Interpretability Beyond Feature Attribution: Quantitative Testing with Concept Activation Vectors (TCAV), ICML, 2018.

[128] M. Abdar, F. Pourpanah, S. Hussain, D. Rezazadegan, L. Liu, M.

Ghavamzadeh, P. Fieguth, X. Cao, A. Khosravi, U. R. Acharya, V. Makarenkov , S. Nahavandi, A Review of Uncertainty Quantification in Deep Learning: Techniques, Applications and Challenges, arXiv, 2020.

[129] Y. Gal, Z. Ghahramani, Dropout as a Bayesian Approximation: Representing Model Uncertainty in Deep Learning, ICML, 2016.

[130] B. Lakshminarayanan, A. Pritzel , C. Blundell, Simple and Scalable Predictive Uncertainty Estimation using Deep Ensembles, NIPS, 2017.

[131] Stanford University Human-Centered Artificial Intelligence, Measuring trends in Artificial Intelligence, THE AI INDEX REPORT. [オンライン] Available: https://aiindex.stanford.edu/report/ [アクセス日: 20 9 2021].

[132] K. Lu, A. Grover, P. Abbeel , I. Mordatch, Pretrained Transformers as Universal Computation Engines, arXiv, 2021.

[133] T-Y. Lin, M. Maire, S. Belongie, L. Bourdev, R. Girshick, J. Hays, P. Perona, D. Ramanan, C. L. Zitnick , P. Dollár, Microsoft COCO: Common Objects in Context, ECCV, 2014.

[134] C. M. Bishop, Pattern Recognition and Machine Learning, Springer, 2006.

あとがき

　本書では、機械学習を使ったエンジニアリング方法を説明してきました。機械学習は非常に強力なツールで、いろいろな産業に大きな変革をもたらしていくと考えています。しかし、まだわかっていないことも多く、偏見などの問題があることも事実です。これらにうまくつきあっていきながら、利活用の方法を模索していく必要があります。

　また、本書は多くの人との議論や協力のもとで出版することができました。執筆に関する相談や講談社サイエンティフィクを紹介してくださった石原祥太郎さん、章構成など多数のアドバイスをいただいた横山真吾さんをはじめとする講談社サイエンティフィクのみなさま、議論をしていただいた大西真輝さん、小野晃司さん、加藤卓哉さん、久保隆宏さん、品川政太朗さん、長谷川大貴さん、藤井浩司さん、藤井知暁さん、宮崎正幸さん、吉川修平さんに、この場を借りて感謝申し上げます。

　　2021年9月　　　　　　　　　　　　　　　　　　　藤井亮宏

索 引

294

著者紹介

藤井亮宏
（ふじい あきひろ）

2014年3月、大阪大学大学院理学研究科物理学専攻博士前期課程修了。大学時代の専門は第一原理計算。2014年4月より、（株）村田製作所にて通信モジュールのパッケージ材料開発に従事。2017年11月より、（株）エクサウィザーズにて、機械学習エンジニアとして従事する。
また、ブログやTwitterで機械学習に関する情報をほぼ毎日発信したり、機械学習勉強会の開催・参加を積極的に行い、機械学習コミュニティの発展に貢献している。

NDC007　　　296p　　　21cm

現場で活用するための機械学習エンジニアリング
（げんば　かつよう　きかいがくしゅう）

2021年11月24日　第1刷発行

著　者　藤井亮宏（ふじい あきひろ）
発行者　髙橋明男
発行所　株式会社　講談社　　　KODANSHA
　　　　〒112-8001　東京都文京区音羽2-12-21
　　　　　　販　売　(03) 5395-4415
　　　　　　業　務　(03) 5395-3615
編　集　株式会社　講談社サイエンティフィク
　　　　代表　堀越俊一
　　　　〒162-0825　東京都新宿区神楽坂2-14　ノービィビル
　　　　　　編　集　(03) 3235-3701
本文データ制作　株式会社　トップスタジオ
カバー・表紙印刷　豊国印刷株式会社
本文印刷・製本　株式会社　講談社

ISBN 978-4-06-525981-8

講談社の自然科学書

※表示価格には消費税（10%）が加算されています。

「2021年11月現在」

講談社サイエンティフィク　https://www.kspub.co.jp/